Hans-Georg Lettau
Strategische Planung

Hans-Georg Lettau

Strategische Planung

Ertragspotenziale erkennen –
Unternehmenswachstum sichern

Die Deutsche Bibliothek – CIP-Einheitsaufnahme
Ein Titeldatensatz für diese Publikation ist bei
Der Deutschen Bibliothek erhältlich

ISBN-13: 978-3-322-86968-5   e-ISBN-13: 978-3-322-86967-8
DOI: 10.1007/978-3-322-86967-8

1. Auflage Dezember 2001

Alle Rechte vorbehalten

© Betriebswirtschaftlicher Verlag Dr. Th. Gabler GmbH, Wiesbaden 2001
Softcover reprint of the hardcover 1st edition 2001

Lektorat: Jens Kreibaum

Der Gabler Verlag ist ein Unternehmen der Fachverlagsgruppe BertelsmannSpringer.
www.gabler.de

Das Werk einschließlich aller seiner Teile ist urheberrechtlich geschützt. Jede Verwertung außerhalb der engen Grenzen des Urheberrechtsgesetzes ist ohne Zustimmung des Verlags unzulässig und strafbar. Das gilt insbesondere für Vervielfältigungen, Übersetzungen, Mikroverfilmungen und die Einspeicherung und Verarbeitung in elektronischen Systemen.

Die Wiedergabe von Gebrauchsnamen, Handelsnamen, Warenbezeichnungen usw. in diesem Werk berechtigt auch ohne besondere Kennzeichnung nicht zu der Annahme, dass solche Namen im Sinne der Warenzeichen- und Markenschutz-Gesetzgebung als frei zu betrachten wären und daher von jedermann benutzt werden dürften.

Umschlaggestaltung: Nina Faber de.sign, Wiesbaden
Satz: Publishing Service R.-E. Schulz, Dreieich

Inhalt

Anstelle eines Vorwortes 9

I Die Grundlagen 13

1. Zum Einstieg: Das Thema und seine Begründung ... 15
   1.1 Warum eigentlich strategische Planung? 15
   1.2 Was heißt das eigentlich: Strategie/strategisches Denken? 19
   1.3 Was ist strategische Unternehmensplanung – und was ist sie nicht? 22
   1.4 Was gehört alles zu einer vollständigen strategischen Unternehmensplanung? 26
2. Welche Vokabeln muss man lernen? 28
   2.1 Operative Planung/strategische Planung 28
   2.2 Ertragspotenziale und Geschäftsfelder 28
   2.3 Strategische Geschäftseinheiten 29
   2.4 Ist-Portfolio und Soll-Portfolio 29
   2.5 Normstrategien 30
   2.6 Mitteleinsatz 30

II Die notwendigen Informationen 31

3. Unser „Wissen von der Zukunft" 33
   3.1 Welche Veränderungen erwarten wir? 33
   3.2 Wie beurteilen wir unsere Märkte? 34
   3.3 Chancen und Gefahren für unser Produkt 36
   3.4 Welche Umweltbedingungen müssen wir beachten? 39
   3.5 Chancen und Gefahren für unser Unternehmen 41
   3.6 Wir beschreiben mögliche Zukünfte 43
   3.7 Welches sind die Stärken und Schwächen unseres Unternehmens? 44

III Die gemeinsame Richtung bestimmen 49

4. Was wollen wir, wer sind wir, was bieten wir? 51
   4.1 Unsere Leitidee 51
   4.2 Unsere Grundsätze und Leitlinien 54

5. Was wollen wir erreichen? 57
   5.1 Unsere unternehmenspolitischen Oberziele 57
   5.2 Die Rangordnung der Ziele 59
   5.3 Haben wir sogar eine Vision? 61

IV Das zentrale Thema: Führen mit strategischen Geschäftseinheiten 65

6. Die Portfolio-Technik als Denkhilfe 67
   6.1 Einführung in die Portfolio-Technik 67
   6.2 Das Produkt-Portfolio der Boston Consulting Group 73
   6.3 Das Produkt-Portfolio von McKinsey 75
   6.4 Die eindeutige Definition unserer Ertragspotenziale 77
   6.5 Wie gut liegen unsere Ertragspotenziale im Portfolio? 80
   6.6 Der Produkt-Lebenszyklus 87

7. Die strategischen Geschäftseinheiten 91
   7.1 Wie strukturieren wir unser Unternehmen sinnvoll? 91
   7.2 Welche Rechte und Pflichten liegen bei den SG? 93
   7.3 Welche Informationen brauchen die Leiter der SG? 95
   7.4 Ziele, Strategien und Mitteleinsatz – der Weg der SG in die geplante Zukunft 96
   7.5 Vom Ist-Portfolio zum Soll-Portfolio 101

8. Wie kann ein Unternehmen wachsen? 105
   8.1 Das Ansoff-Schema als Orientierungs-Hilfe ... 105
   8.2 Die Möglichkeiten für expansives Wachstum .. 108

V Der Übergang in die operative Planung 111

9. Wie gehen wir am Markt erfolgreich vor? 113
   9.1 Marktstrategien in der Belétage 113
   9.2 Die zwölf Strategie-Elemente der Hersteller 115
   9.3 Die zehn Strategie-Elemente des Handels 116
   9.4 Die zehn Strategie-Elemente der Dienstleister .. 116
   9.5 Die Matrix der Handlungsalternativen 117

10. Welche Voraussetzungen müssen wir im Unternehmen schaffen? 124
   10.1 Organisatorische/personelle/finanzielle Voraussetzungen 124
   10.2 Das „Informationssystem Strategie" 127
   10.3 Die strategische Planung im Unternehmen einführen 132
   10.4 Unser Prozess der strategischen Planung 146
   10.5 Ja-Nein-Entscheidungen geben Sicherheit 148

11. Die allgemeinen atrategischen Grundsätze 150

Anstelle eines Nachwortes 154

Anhang 157

Anstelle eines Vorwortes ...

... eine Analyse der Seeschlacht bei Trafalgar. Sie war – und blieb – die berühmteste Seeschlacht der englischen Geschichte. Obwohl Admiral Nelson dabei den Tod fand. Man mag Admiräle oder Generäle mögen oder nicht – aber lernen können wir von ihnen allemal.

Nelson kannte die Windverhältnisse vor dem Cap Trafalgar, sowohl am kühlen Morgen als auch am heißen Mittag. Er wusste genau, welche Manöver die französisch-spanische Flotte demzufolge fahren konnte, vor allem: welche nicht!	*Beachtung der Umweltfaktoren* *Konkurrenzanalyse*
Die französisch-spanische Flotte bestand aus 34 Schiffen, die britische aus nur 27 Schiffen. Nelson hatte mehrere Schiffe nach Gibraltar geschickt, um für die Mannschaften frisches Obst und Gemüse zu holen.	*Stärken und Schwächenanalyse* *Human-soziale Orientierung, Motivation der Mitarbeiter*
Die französisch-spanische Flotte war also in der Überzahl. Das hatten Nelsons bezahlte Spione herausgefunden. Der französische Admiral schloss daraus: Wir werden leichtes Spiel haben. Nelson schloss daraus: Mit der üblichen Schlachtordnung – Kiellinie neben Kiellinie – kann ich nicht gewinnen. Ich muss mir also etwas einfallen lassen!	*Konsequente Marktforschung* *Von der Konkurrenz im Handeln zur Konkurrenz im Denken!*
Seine Strategie war denkbar einfach: In zwei Keilen werden wir – entgegen jeder Regel –	*Die ungewöhnliche Strategie*

Einbezug der Umweltfaktoren	in die Kiellinie des Gegners einbrechen, sie durchstoßen und die feindlichen Schiffe der Reihe nach von beiden Seiten bekämpfen! Die ersten fünf bis sechs Schiffe der feindlichen Linie müssen bei diesem Wind einfach weitersegeln und werden mehrere Stunden brauchen, um zurückzukreuzen. Damit war die Unterzahl ausgeglichen!
Ausgleich von Schwächen	
Information und Motivation	Nelson hatte die Angewohnheit, seine Kapitäne am Abend vor der Schlacht auf ein Glas Champagner einzuladen. Er schilderte seinen Plan und ließ Fragen zu. Sein Vorgänger, ein arroganter Adliger, hatte noch verkündet: „Meine Herren, die Mühsal des Denkens überlassen Sie doch bitte mir!"
Mitdenken, mitwirken, mitverantworten, mitentscheiden	
Einfachheit der Strategie, Einfachheit der Darstellung	Nelson stieß beide Arme in die Luft und sagte: „Wir werden so in die Linie der Franzosen und Spanier einbrechen".
Delegation von Verantwortung an eine selbständige Einheit	Er setzte seinen Vizeadmiral Collingwood als Führer des rechten Keils ein.
Motivation der Mitarbeiter	Und so geschah es. Vor Beginn der Schlacht gab er das berühmte Flaggensignal: „England expects every man to do his duty!" Man jubelte diesem ungewöhnlichen Führer zu. Dann traf ihn die tödliche Musketenkugel.
Identifikation mit der Führung	

Die Schlacht aber lief über viele Stunden genau so, wie sie der Denker geplant hatte. Jedem Kapitän war klar, was er zu tun hatte, weil jeder wusste, wie dieser Plan aussah.	*Beharrliche, konsequente Umsetzung* *Selbständiges Handeln der Mitwirkenden bei der Umsetzung der Strategie*
Und alle Matrosen wussten: wir werden gewinnen!	*Gut ausgebildete, motivierte Mannschaft*

Womit wurde diese Schlacht gewonnen? Nicht mit der Anzahl der Schiffe, der Menge der Kanonenkugeln und der vollen Kriegskasse. Sondern allein mit der überlegenen Strategie und den begleitenden „weichen" Faktoren. Das sollte uns zu denken geben! Die Amerikaner mit ihrem Hang zu einfachen Schlagworten nennen das heute: From Brick to Klick, und meinen damit: Vom Ziegelstein (als Symbol für den materiellen Besitz) zu neuen Ideen und Vorgehensweisen als den wirksamsten Wettbewerbsvorteilen. Ich sage dazu: „Von der Konkurrenz im Handeln zur Konkurrenz im Denken!"

Also: Lasst uns herausfinden, wie das geht!

Hans-Georg Lettau

I. Die Grundlagen

*Eine strategische Planung
ist die Definition
der wünschenswerten Zukunft
eines Unternehmens
mit planerischen Mitteln*

Hans-Georg Lettau

1. Zum Einstieg: Das Thema und seine Begründung

1.1 Warum eigentlich strategische Unternehmensplanung?

Die Frage ist berechtigt. Strategische Planung kostet Zeit und personellen Aufwand und verursacht damit Kosten. Qualifizierte Kräfte werden temporär gebunden. Eventuell werden neue Informations- oder Abrechnungs-Systeme notwendig. Zusätzliche Workshops der Beteiligten finden statt. Das heute übliche, kurzfristige Planungssystem mit stark auffordernderm und handlungsorientiertem Charakter kann ja nicht einfach abgeschafft werden. Wir brauchen es auch weiterhin.

Vielleicht suchen Sie selbst nach einer überzeugenden Begründung, vielleicht suchen Sie handfeste Begründungen auch für Kollegen und Mitarbeiter?

Sechs Gründe habe ich anzubieten, um meine Behauptung zu belegen: Strategische Planung ist absolut notwendig geworden.

Externe Faktoren

1. Zwei Jahrhunderte lang lebte die moderne Wirtschaft in einem Zeitalter der Kontinuität. Kapitalmärkte und Arbeitsmärkte waren fest gefügt und überschaubar. Große Unternehmen wie Siemens, AEG, Krupp, Telefunken u. a. überlebten zwei Weltkriege und zwei Währungsschnitte. Das ist heute vorbei. Die Kapitalmärkte sind weltweit in Bewegung. Wenn die Manager der großen Fonds Kapital platzieren oder abzie-

hen, trifft das Unternehmen und Volkswirtschaft direkt und wirkungsvoll. Die Wechselkurse zwischen Dollar, Yen und Euro bestimmen unternehmerische Entschlüsse. Die Arbeitslosigkeit in Europa wird nicht nur in Deutschland zum Politikum. Hohen Arbeitslosenquoten steht andererseits ein Fachkräftemangel gegenüber. Stichwort: GreenCard. Von Kontinuität keine Rede mehr. Energieversorgung und Rohstoffmärkte sind ebenfalls weltweit in Bewegung geraten. Die erste und die zweite Ölkrise und die Diskussion um den Atomstrom sollen als Beispiel dienen. Damit sind nicht nur die alten Produktionsfaktoren Arbeit und Kapital obsolet geworden, sondern auch die neuen Produktionsfaktoren Energie und Rohstoffe.

2. Das ist aber noch nicht alles. Es gibt dramatische Veränderungen in den Märkten, es gibt die Internationalisierung und die Globalisierung. Es gibt ebenso dramatische Entwicklungen bei Produkten, Materialien und Technologien, ebenso wie die dramatischen Veränderungen in unserer Gesellschaft. Muss ich die Informations-Technologie noch nennen? Sie bewirkte die wohl tiefgreifendste Veränderung im Wirtschaften der Unternehmen.

3. In kontinuierlichen Entwicklungen reichte es aus, Vergangenheitswerte in die Zukunft zu verlängern. Man konnte ja von festen Annahmen ausgehen. Das reicht heute als Planungsmethode nicht mehr aus! Wir sprechen dabei etwas abschätzig von „Vorwärtsbuchhaltung".

Adam Schaff (Club of Rome) zeigte uns schon 1985 das Dilemma auf: Wir können nicht mehr abwarten und „aus Erfahrung lernen", wie wir das seit Jahrhunderten getan haben. Wir müssen uns ausreichendes „Wissen" um die Zukunft verschaffen als Orientierungshilfe. „Antizipatives Lernen" hieß schon damals seine Forderung.

Interne Faktoren

4. Unternehmer, Manager und Führungskräfte müssen immer wieder Entscheidungen treffen. Und seit zwei Jahrzehnten zeigt sich, dass Entscheidungen über Märkte und Produkte, über neue Entwicklungen, über Standorte, Fusionen und Strategische Allianzen, über Investitionen und die optimale Gestaltung von Wertschöpfungsketten immer größere Tragweite erlangen und immer höhere Mittelbindung erfordern. Schon die fast alltägliche Entscheidung über eine neue, bundesweite Werbekampagne ist heute ein Millionen-Ding. Und das damit entstehende Image charakterisiert das Unternehmen in der Öffentlichkeit auf Jahre hinaus! Wo und wie und in welcher Höhe sollen unsere knappen Mittel eingesetzt werden? Wer macht sich Gedanken auch über die Tragweite? Knappe Mittel müssen dort eingesetzt werden, wo sie am meisten Erfolg versprechen. So lehrt es die Betriebswirtschaft. Wer sagt den Entscheidern, wo das der Fall ist?

5. Abgesehen von der Mittelbindung für zukünftige Entwicklungen brauchen Führungskräfte auch sonst einen langfristig wirksamen Entscheidungsrahmen, in den kurzfristige, taktische Entscheidungen immer wieder eingeordnet werden können. Ja, ich gehe soweit zu behaupten: Erst wenn dieser langfristige Entscheidungsrahmen vorhanden ist, kann man von den Führungskräften in Wahrheit „Entscheidungsfreudigkeit" verlangen, so wie das in Personalanzeigen und Assessmentcentern immer wieder gefordert wird.

6. Die Zeiten, in denen ein Unternehmer oder Manager verkünden konnte: „Meine Herren, die Mühsal des Denkens überlassen Sie doch bitte mir" sind seit der Einführung der kooperativen Führung von modernen und selbstbewussten Menschen (hoffentlich) vorbei. Qualifizierte Mitarbeiter wollen sich identifizieren mit dem Unternehmen, in dem sie Persönlichkeit, Erfahrung, Know-how und Motivation zur Leistung

einbringen. Sie wollen mitdenken, mitwirken, mitentscheiden und mitverantworten. Sie wollen spüren: Wir wissen, wohin wir wollen und wir wissen, wie wir das erreichen!

Aber wie geht das in der Praxis? Kann hier jeder „seinen Senf dazu geben"? Oder gibt es ein sachliches Instrument, mit dessen Hilfe alle Wünsche, Vorstellungen, Erwartungen und Methoden auch sachlich aufbereitet werden können?

Lassen Sie mich das vorweg nehmen: Die strategische Unternehmensplanung ist so ein Instrument, sie wirkt wie eine Leitplanke, mit deren Hilfe die Gedanken aller Beteiligten in eine Richtung gelenkt werden können. Notabene: In eine gemeinsam gefundene und gewünschte Richtung! Sie bildet damit auch den bei allen Führungskräften bekannten und akzeptierten Rahmen für Entscheidungen zum weiteren Vorgehen. Sie „definiert die wünschenswerte Zukunft des Unternehmens".

Aufgrund des intensiven Informations-Vorlaufs sagt sie auch aus, in welchen Geschäftsfeldern wir welchen Ertrag erwarten können und wie wir uns verhalten müssen, um das auch zu erreichen. Sie lenkt den Einsatz knapper Ressourcen auf die eher ertragreichen Felder und verhindert die Fehlleitung von Mitteln.

Sie öffnet den Blick für die Zukunft und verschafft uns das nötige „Wissen" für mögliche Entwicklungen. Und zwar sachlich fundiert, methodisch bewertet und daher mit einem hohen Grad an Wahrscheinlichkeit. Und das ist mein Credo: Wenn alles um uns herum in Bewegung geraten ist, können wir den Archimedischen Punkt für unser Denken und Handeln nur in uns und um uns und für uns selber finden und festhalten. Und er kann nur in der gemeinsamen Zukunft zu finden sein. Denn die Gegenwart ist dazu nicht geeignet. Sie ist morgen schon Vergangenheit.

Die Grundlagen

1.2 Was heißt das eigentlich: Strategie/strategisches Denken?

Kaum ein Wort ist in den letzten Jahren so oft kolportiert worden wie der Begriff „Strategie". Unternehmens-Strategie, Markt-Strategie, Kosten-Strategie, Standort-Strategie, Personal-Strategie – alles ist strategisch. Sogar im Fußball entwickelt man eine Strategie für das Spiel gegen Real Madrid. Es wird wohl Zeit, dass wir uns über den Begriff „Strategie" oder auch „Strategisches Denken" erst einmal Klarheit verschaffen. Es muss doch wohl mehr dahinter stecken als ein Schlagwort? Sechs Verhaltensweisen kennzeichnen den Strategen:

1. Strategen haben Übersicht

Das Wort ist griechischen Ursprungs. Der „Strategos" war ein Feldherr, der an alles zu denken gewohnt war, was zum Sieg bedacht werden musste: Eigene Truppen, fremde Truppen, Gelände, Wetter, Zeitplan, Ausrüstung, Schlachtplan, Ziele, Motivation der Truppe usw. usw. Hier spielte also schon damals ganzheitliches, vernetztes Denken eine Rolle. Genau wie heute.

Wir können also schon einmal festhalten: Strategisches Denken ist gesamthaftes Denken.

2. Strategen haben eindeutige Ziele

Eine Strategie steht niemals alleine im Raum. Sie definiert sich durch die Ziele, die damit erreicht werden sollen. Und zwar mit durchaus wünschenswerter Anstrengung. Klar und verständlich sollen die Ziele sein für alle, die sie schließlich erreichen müssen.

Wir können also als zweites festhalten: Strategisches Denken ist zielorientiertes Denken.

3. Strategen denken über den Tag hinaus

Das ist einfach zu begreifen: Ziele liegen immer in der Zukunft. Das ist systemimmanent. Ein heute erreichtes Ziel ist schon Vergangenheit. Dabei kann es – je nach Produkt und Branche – Diskussionen geben über die Begriffe „kurzfristig" und „langfristig". Strategische Ziele haben – unabhängig davon – immer einen eher langfristigen Charakter, denn sie sollen ja der Zukunfts-Sicherung des Unternehmens dienen.

Unsere dritte Aussage: Strategisches Denken ist langfristiges Denken.

4. Strategen denken differenziert.

Jeder kennt den Namen Hannibal. Er erfand die „Schiefe Schlachtordnung". In der Schlacht bei Cannae hielten seine zahlenmäßig unterlegenen Fußtruppen nur die Linie und durften sogar zurückweichen! Seine Reiterei dagegen konzentrierte er auf einen Flügel, sie überrannte die starre Phalanx der Römer, griff sie von hinten an und trieb sie in den von den Fußtruppen gebildeten Kessel. Das war neu: Dass jeder Teil einer Armee einen anderen Befehl und ein anderes Ziel hatte. Das wurde später oft kopiert. Angewendet auf ein Unternehmen heißt das:

Strategisches Denken bedeutet auch:

> für unterschiedliche Ausgangssituationen
>
> unterschiedliche Ziele setzen
>
> unterschiedliche Vorgehensweisen festlegen
>
> und die Mittel unterschiedlich zuteilen.

Merken Sie, wie anspruchsvoll diese Aufgabe wird? Im Gegensatz zu eher eindimensionalen Vorgaben wie: Im nächsten Jahr schaffen wir zehn Prozent mehr!

5. Strategen haben Alternativen

Strategie-Entscheidungen sind Entscheidungen unter Unsicherheit und unter Risiko. Das sind Begriffe aus der Entscheidungs-Theorie. Sicherheit für eine Entscheidung heißt, dass ich alle, aber auch wirklich alle Informationen zur Verfügung habe. Das ist bei Strategie-Entscheidungen nicht der Fall – deshalb: Unsicherheit. Wir kennen die letzten Geheimnisse und Motive der Konkurrenten nicht, wir wissen nichts über zukünftige politische Entwicklungen und wirtschaftliche Verwerfungen. Risiko heißt: Die Zahl der denkbar möglichen Strategien ist sehr hoch. Ist die von uns gewählte die Richtige? Das kann uns niemand garantieren. Bei Strategien ist es wie bei der Börse: Es wird nicht geklingelt! Gibt es andere Alternativen? Aber sicher! Und nun darf man diese anderen Alternativen nicht einfach verwerfen nach dem Motto „... das haben wir noch nie so gemacht!", sondern man muss sie diskutieren! Nur so gewinnen wir die Sicherheit, dass die von uns gewählte Strategie nach sorgfältiger Einschätzung aller Gegebenheiten diejenige ist, die am ehesten Erfolg verspricht.

Also: Strategisches Denken ist Denken in Alternativen.

6. Strategen berechnen die Folgen

Auch das gehört noch dazu, dass man die denkbaren Strategie-Alternativen durchrechnet: Was bringt das an Umsatz, was bringt das an Gewinn, was kostet diese Alternative an Mitteleinsatz (Investitionen/Einmal-Kosten/Kostensteigerungen.) Dass man dazu alle verfügbaren Informationen heranziehen muss, leuchtet ein.

Sechstes Kriterium also: Strategisches Denken ist auch das Berechnen von Alternativen.

Spielen Sie Schach? Mit dem Schachspiel übten arabische Prinzen jahrhundertelang Strategisches Denken. Züge vorausplanen, Strategien entwickeln für Eröffnung und Endspiel, verschiedenen Figuren mit ihren verschiedenen Möglichkeiten verschiedene Aufgaben zuteilen: Sichern, angreifen, besetzen, und mehrere alternative Spielzüge im Geiste durchspielen und durchrechnen auf ihre Erfolgsaussichten.

Zusammengefasst sieht meine Antwort auf die Eingangsfrage so aus wie Abb. 1.

Die Denkweise:

1. Strategisches Denken ist gesamthaftes Denken
2. Strategisches Denken ist zielorientiertes Denken
3. Strategisches Denken ist langfristiges Denken

Die Planung:

4. Strategisches Denken heißt:
   – für ganz unterschiedliche Ausgangssituationen
   – ganz unterschiedliche Ziele setzen
   – ganz unterschiedliche Vorgehensweisen festlegen
   – und die Mittel dazu ganz unterschiedlich zuteilen

Die Absicherung:

5. Strategisches Denken ist Denken in Alternativen
6. Strategisches Denken ist Berechnen der Folgen

Abbildung 1: Sechs Verhaltensweisen kennzeichnen den Strategen

1.3 Was ist strategische Unternehmensplanung – und was ist sie nicht?

1. Strategische Unternehmensplanung ist nicht die Verlängerung der kurz- oder mittelfristigen Planung in einen etwas längeren Zeitraum hinein. Dann bräuchten wir den ganzen Aufwand nicht. Wo liegt der entscheidende Unterschied:

Herkömmliche Planung baut auf Erfahrungen auf, die man gemacht hat und formuliert daraus Wünsche, die logisch klingen. Sie extrapoliert also die Erfahrungen in die Zukunft hinein. (Abb. 2) Jede Änderung der Annahmen wird dabei zum Problem, weil sie die Extrapolation verändert!

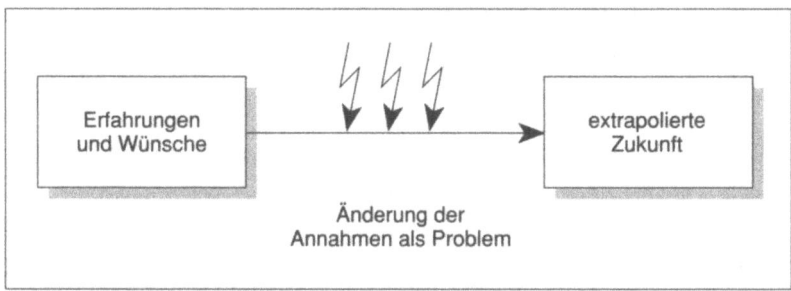

Abbildung 2: Herkömmliche Planung

Strategische Planung hingegen beginnt bei der Zukunft (der „wünschenswerten Zukunft") und fragt dann: Wie können wir das erreichen? (Abb. 3) Dabei spielen Änderungen in den Annahmen keine so große Rolle, denn das Strategische Ziel bleibt bestehen! Das möchte ich an einem simplen Beispiel erklären: Sie planen eine Fahrt von München nach Hamburg. Hamburg sei die „wünschenswerte Zukunft".

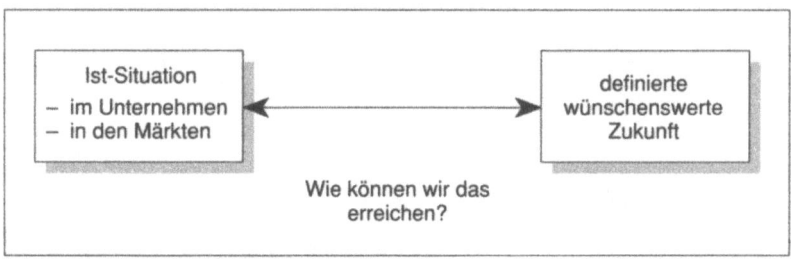

Abbildung 3: Strategische Planung

Zum Einstieg: Das Thema und seine Begründung

Sie beschließen, mit dem Auto zu fahren = Betriebsmittel-Plan

Sie wollen Autobahn fahren: Ulm-Kassel-Hannover = Streckenplan

Sie nehmen einen Kollegen mit = Personalplan

Sie überlegen, wie viel Geld sie einstecken müssen für Tanken, Rasten, Übernachten = Finanzmittelplan

Sie fahren am Morgen los, um am Abend vor Ort zu sein = Zeitplan.

Am Morgen geht es los. Kurz hinter Fulda ein Riesenunfall. Umleitung durch das Hessische Bergland. Der Streckenplan muss geändert werden – aber das Ziel Hamburg bleibt! Der Zeitplan ist ebenfalls fraglich geworden – aber das Ziel Hamburg bleibt! Der Kollege steigt aus und fährt mit der Bahn nach Hause. Der Personalplan stimmt nicht mehr – aber das Ziel Hamburg bleibt! Der Finanzplan muss aufgestockt werden – aber das Ziel Hamburg bleibt! (Abb. 4)

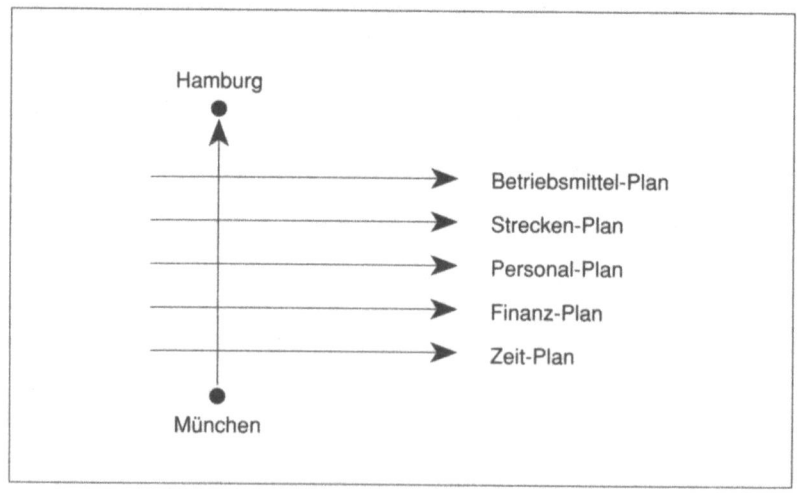

Abbildung 4: Strategisches Ziel und Einzelpläne

Das ist das Revolutionäre an der strategischen Unternehmensplanung, dass sie die „wünschenswerte Zukunft" des Unternehmens als Fixstern nimmt und auch bei gelegentlichen Irritationen (alles andere wäre doch weltfremd) beibehält! Spiegeln Sie das einmal an den Ergebnissen einer Untersuchung des Unternehmens-Beraters Dr. Walter Rosenberger – in einem Interview in der Tageszeitung „Die Welt" vom 21.10.00 – wonach nur 15 Prozent aller Unternehmen eindeutig definierte und auch formulierte Ziele haben! Weitere 35 Prozent haben zwar Ziele definiert, aber nicht aufgeschrieben und rund 50 Prozent (!) haben Ziele weder definiert noch formuliert. Erst dann wird deutlich, wie groß das Umdenken im Unternehmen sein muss und dass das Wort „revolutionär" nicht ohne Grund gewählt wurde.

2. Die operative Planung beschäftigt sich mit den Funktionen des Unternehmens:
   - Produktions-Plan
   - Finanzplan
   - Kostenplan
   - Personalplan
   - Verkaufsplan
   - Werbeplan
   - usw.

Die strategische Planung dagegen beschäftigt sich mit den Ertragspotenzialen des Unternehmens, konkret mit
   - Märkten
   - Produkten
   - Mitteleinsatz

Ertragspotenziale sind unternehmerische Aktionsfelder, in denen sich das Unternehmen Erfolge, Vorteile, Marktpositionen ausrechnen kann. Dr. Herbert Groß, der große Marketing-Mann der frühen Jahre nannte sie das „Markt-Kapital" eines Unternehmens. Im Unterschied vom Geldkapital, das man aus der Bilanz ablesen kann.

3. Wenn man jetzt die Langfristigkeit, das feste Strategische Ziel, die optimale Mittelzuteilung, die bewusste Förderung oder auch Zurücknahme von Ertragspotenzialen, die Motivation der wichtigen Mitarbeiter und den gemeinsam gefundenen Handlungsrahmen zusammennimmt, wird die psychologische Komponente in der Aufgabenstellung klar: Hier geht es um die langfristige Existenzsicherung und nicht nur um die kurzfristige Gewinn-Maximierung. Zwei Seiten einer Medaille!

Man soll mich nicht missverstehen: Auch heute und morgen muss das Unternehmen Geld verdienen und sich in seinen Märkten bewähren. Aber das darf nicht die einzige Maxime im Unternehmen bleiben.

1.4 Was gehört alles zu einer vollständigen strategischen Unternehmensplanung?

Es leuchtet ein, dass die hohen Anforderungen nicht mit einem Schuss aus der Hüfte zu erfüllen sind. Die einzelnen Elemente sind einfach, ihre Anzahl ist hoch (Abb. 5)

Zu einer vollständigen strategischen Planung gehört auch eine eindeutige und terminierte Regelung für die periodische Überarbeitung. Auf diese Weise wird die strategische Unternehmensplanung zu einem ständigen Lernprozess im Unternehmen (Dr. Peter Hoffmann, Unternehmensberater, Hernstein-Institut, Wien).

1. Liste der erwarteten Veränderungen mit Bewertung	– Worauf müssen wir uns einstellen? – Worauf müssen wir achten? – Wie sehr ist unser Unternehmen von erwarteten Veränderungen betroffen?
2. Die Informations-Programme aus Markt/ Umwelt/ Unternehmen	– Welche Informationen brauchen wir, um unsere heutige und zukünftige Situation beurteilen zu können?
3. Chancen und Gefahren für unsere Produkte	– Auswertung und Zusammenfassung von Markt- und Umwelt-Informationen
4. Chancen und Gefahren für unser Unternehmen	– Auswertung und Zusammenfassung der Markt-/ Umwelt-/ und Unternehmens-Informationen
5. Beschreibung möglicher Zukünfte	– Wie werden die Handlungsspielräume für das Unternehmen am Ende des Planungshorizontes aussehen?
6. Stärken und Schwächen des Unternehmens	– Welche Stärken können wir einsetzen/ausbauen? – Welche Schwächen müssen wir abbauen?
7. Leitidee und Leitlinien des Unternehmens	– Wie wollen wir sein? – Wie soll man uns sehen? – Warum gibt es uns? – Welchen Nutzen stiften wir?
8. Unternehmenspolitische Oberziele	– Wie viel wollen wir erreichen? – Wie viel müssen wir erreichen? – Wie viel können wir erreichen?
9. Ertragspotenziale und deren Bewertung	– In welchen Produkt/Markt-Kombinationen ist das Unternehmen tätig? – Wie gut sind diese Märkte? – Wie gut ist unsere Position?
10. Strategische Geschäfts-Einheiten	– Welche Einheiten bearbeiten die Ertragspotenziale? – Welche Ziele sollen sie auf welche Weise erreichen? – Wie verwenden wir knappe Mittel möglichst effektiv?
11. Expansive Strategien	– Welche Möglichkeiten für eine Expansion wählen wir?
12. Die Marktstrategien der strategischen Geschäftseinheiten	– Wie gehen die Strategischen Geschäftseinheiten erfolgreich und zielorientiert vor?
13. Voraussetzungen im Unternehmen	– Können wir das überhaupt? – Was müssen wir zunächst sicherstellen, um unsere Ziele zu erreichen und die Strategien umsetzen zu können? – Wie stellen wir die Balance her zwischen Wünschen und Möglichkeiten?
14. Maßnahmen-Kataloge	– Wie setzen wir unseren großen Plan um: Konsequent/ schrittweise/kontrollierbar?

Abbildung 5: Eine vollständige strategische Planung

2. Welche Vokabeln muss man lernen?

2.1 Operative Planung/strategische Planung

Operative Planung: kurzfristige, manchmal auch mittelfristige Planung, unterteilt nach den Funktionen des Unternehmens und mit stark auffordernder, handlungsorientiertem Charakter.

Strategische Planung/strategische Unternehmensplanung: mittelfristiger bis langfristiger Planhorizont, das gesamte Unternehmen betreffend. Sie geht aus von definierten Ertrags-Potenzialen und beschreibt die Norm-Strategie (s. dort) zu ihrer Bearbeitung, die festgelegten Ziele und die zur Verfügung gestellten Mittel.

Strategische Unternehmensführung: Zwei Bedeutungen sind möglich: einmal die Führung des Unternehmens nach den Strategischen Grundsätzen, zum anderen die Einbeziehung der qualifizierten Mitarbeiter und das gemeinsame Handeln nach den gefundenen Erkenntnissen.

2.2 Ertragspotenziale und Geschäftsfelder

Beide Bezeichnungen werden verwendet. Sie beschreiben ein unternehmerisches Aktionsfeld (meist eine Kombination aus Produkt und Markt), in dem das Unternehmen die Chance sieht, Erfolge zu erzielen und Erträge zu erwirtschaften. Die Verwandtschaft mit dem Begriff Marktsegment ist unübersehbar.

2.3 Strategische Geschäftseinheiten (SG)

Strategische Geschäftseinheiten sind diejenigen Unternehmens-Einheiten, die ein Ertragspotenzial bearbeiten. Und zwar selbständig und mit hoher Eigenverantwortung. Dabei kann es sich um Sparten, Divisions oder Töchter handeln, aber auch um „Unternehmen im Unternehmen". Häufig wird der Begriff „strategische Geschäftseinheit (SG)" auch synonym verwendet für Ertragspotenzial plus Strategische Geschäftseinheit.

2.4 Ist-Portfolio und Soll-Portfolio

Ein Produktportfolio ist nichts weiter als ein zweidimensionales Bewertungs-System, mit dessen Hilfe man die Lage und Größe von Ertragspotenzialen deutlich machen kann. Die Bewertung wird vorgenommen mit Kriterien für die Qualität des Marktes einerseits und unserer Position in diesen Märkten andererseits.

Ein Ist-Portfolio zeigt die heutige Lage der Ertragspotenziale im Produkt-Portfolio und lädt ein zur Bestimmung von Zielen, Normstrategien und Mitteleinsatz.

Ein Soll-Portfolio zeigt die erwartete Lage der Ertragspotentiale im Produkt-Portfolio nach der erfolgreichen Umsetzung unserer Politik.

Portfolio-Management ist der bewusste Umgang mit den Erkenntnissen der Portfolio-Technik und führt zu entsprechenden Entscheidungen.

2.5 Normstrategien

Normstrategien sind die sich aus der Lage der Ertrags-Potenziale im Portfolio ergebenden einfachen, eindeutigen und unmissverständlichen Anweisungen, wie z.B.: angreifen, ausbauen, Position halten, aussteigen.

2.6 Mitteleinsatz

Der Mitteleinsatz umfasst die Bestimmung der Investitionen, der Einmalkosten und die Erhöhung der laufenden Kosten für eine bestimmte SG. Das kann neue Produkte betreffen, neue Maschinen und Anlagen, aber auch neue Vertriebswege. Neuerdings auch Firmenkäufe, Fusionen, unfreundliche Übernahmen etc.

II. Die notwendigen Informationen

> Ein General, der eine Schlacht gewinnt, stellt vor der Schlacht viele Berechnungen an.
> Ein General, der eine Schlacht verliert, stellt keine Berechnungen an.
>
> *Sunzi*, „Die Kunst des Krieges"
> 500 Jahre v. Chr.

3. Unser „Wissen von der Zukunft"

3.1 Welche Veränderungen erwarten?

Da fangen wir ganz einfach an. Wir alle haben unsere Erfahrungen und unser „Wissen" um unsere Produkte und um die der Konkurrenz, wir kennen die meisten Mitbewerber, wir kennen unsere Märkte und unsere Lieferanten. Und wir haben auch ganz bestimmte Vorstellungen davon, wie es wohl weitergehen wird mit neuen Produkt-Technologien, mit neuen Produktions-Technologien, neuen Märkten, neuen Wettbewerbern usw. Worauf es jetzt ankommt: Alle diese Erfahrungen, Wünsche, Vorstellungen und Befürchtungen einzufangen und zu kanalisieren.

In einer oder mehreren Arbeitsgruppen werden diese erwarteten Veränderungen gesammelt und aufgelistet. Der Leiter einer solchen Arbeitsgruppe sollte alle Beiträge annehmen und noch nicht bewerten oder ablehnen. Das kann man hinterher bereinigen.

Dann kommt der zweite, der wichtigere Teil der Arbeit: Die Bewertung (Abb. 6). Jeder Beitrag wird nach drei Kriterien diskutiert und eingeordnet:

9 – 1 Wie wahrscheinlich ist es, dass dieser Fall eintritt?
9 – 1 Wie schnell kann er eintreten?
9 – 1 Wie stark ist die Wirkung auf das Unternehmen?

Hier bekommt die Unternehmensleitung eine geordnete erste Vorschau auf die denkbare Zukunft in die Hand:

Welche Veränderungen erwarten wir in der nahen Zukunft:	Bewertung		
	W	Z	G
Veränderung 1 ...	9	9	9
Veränderung 2 ...	9	1	9
Veränderung 3 ...	9	9	1
Veränderung 4 ...	1	9	9
Veränderung n			

W = Wahrscheinlichkeit des Eintritts
Z = Zeitraum bis zum Eintritt
G = Grad der Einwirkung auf das Unternehmen

Abbildung 6: Die erwarteten Veränderungen

999 – Hier müssen wir sofort und eindeutig Vorsorge treffen
919 – Dieser Fall ist wahrscheinlich und auch schlimm für uns, aber wir haben genügend Zeit für eine Reaktion
991 – Dieser Schlag kommt, wohl auch sehr bald, aber wir können ihn verdauen
199 – Dieser Fall ist so unwahrscheinlich, dass wir keine Vorsorge treffen müssen.

Dazwischen liegen die vielen Kombinationsmöglichkeiten, die zu einer Prioritätenliste führen können oder zu einer Zeitachse.

3.2 Wie beurteilen wir unsere Märkte?

Ganz anders ist es bei dieser Aufgabe. Hier geht es darum, unser vielfältiges „Wissen" um Märkte, Konkurrenten und Entwicklungen zu verifizieren. Wir brauchen zuverlässige Informationen aus dem Markt. Eine Checkliste für ein mögliches Informationsprogramm ist die Abb. 7.

1. Quantitative Marktdaten	– Marktgröße – Marktwachstum – Marktanteile
2. Qualitative Marktdaten	– Bedürfnisstruktur – Kaufmotive – Kaufprozesse – Informationsverhalten
3. Konkurrenzanalyse	– Umsätze/Marktanteile – Stärken und Schwächen – erkennbare Strategien – Finanzkraft – Managementqualität
4. Kundenstruktur	– Anzahl Kunden – Kundenarten/Kundengrößen – regionale Schwerpunkte – Branchenspezifische Schwerpunkte
5. Branchenstruktur	– Anzahl Anbieter – Art der Anbieter – Organisation/Verbände – Kapazitätsauslastung – Wettbewerbsmentalität
6. Distributionsstruktur	– geografisch – nach Absatzkanälen
7. Sicherheit	– Eintrittsbarrieren – Substituierbarkeit

Abbildung 7: Informationsprogramm für eine Marktanalyse

Unser „Wissen von der Zukunft"

Dabei wird es darauf ankommen, dass der Bearbeiter festlegt, welche Informationen wir überhaupt brauchen und in welchem Detaillierungs-Grad. Und dass er nicht nur die quantitativen Werte beschafft, sondern auch Antworten findet auf qualitative Fragen, wie z. B. die nach dem Kaufverhalten, nach Trends, die sich abzeichnen, nach Sicherheit und Eintritts-Barrieren. Denn hier legen wir den Grundstein für die spätere Arbeit an der Frage: Welche Chancen und Gefahren sehen wir für unser Produkt?

Ich sage voraus, dass Sie diese Aufgabe mehrfach tun müssen. Denn wir machen uns ja auf, differenzierte Ertragspotenziale, also differenzierte Produkt-Markt-Kombinationen zu bearbeiten.

Ein Hinweis aus der Berater-Praxis: In früheren Jahren haben wir immer gewartet, bis alle Informationen auch wirklich auf dem Tisch lagen. Das dauerte häufig seine Zeit und wir kamen zu keinem engagierten Start mehr. Besser ist es, anzufangen mit dem was vorliegt, dann aber die Sammlung und Aufbereitung der Informationen konsequent parallel dazu anzugehen. Das beinhaltet natürlich die Gefahr, dass Sie einzelne Teilstücke Ihrer Strategischen Planung noch einmal überarbeiten müssen, weil die Facts unseren Annahmen nicht entsprechen. Meine Erfahrung: Schlimm ist nicht, dass wir so wenig wissen, schlimm ist, dass wir so vieles wissen, was nicht mehr stimmt!

Das soll uns nicht irritieren – im Gegenteil – denn wir machen uns ja auf, die Zukunft unseres Unternehmens zu diskutieren und dieser gewichtige Grund rechtfertigt jede notwendige Korrektur und jede notwendige Mehrarbeit.

3.3 Chancen und Gefahren für unser Produkt

Wieder muss ich Sie auffordern, mutig zu sein. Es genügt nicht, festzustellen, dass eine bestimmte Zielgruppe kleiner wird. Was bedeutet das für das betroffene Produkt? Eine echte Gefahr? Welche Trends eröffnen neue Chancen für neue Produkte? Auch hier kommt es darauf an, nicht bei allgemeinen Äußerungen stehen zu bleiben, seien sie optimistisch oder pessimistisch. Eine Liste mit Chancen und Gefahren zwingt die Beteiligten zu klaren Aussagen, zu denen sie in der Diskussion auch stehen müssen! Das ist der Sinn dieser einfachen Aufstellung (Abb. 8). So erwächst aus eindeutigen Fakten und ihrer Auswertung wieder ein Teilstück unseres Zukunftsbildes. Wie bei einem Mosaik.

Chancen	Gefahren

Abbildung 8: Chancen und Gefahren für unser Produkt
Fazit aus den Markt- und Umweltinformationen

Die notwendigen Informationen

3.4 Welche Umweltbedingungen müssen wir beachten?

Die Marktforschung als Teil einer Marketing-Konzeption kennen wir seit fast 50 Jahren. Wesentlich jünger ist die Erkenntnis, dass Unternehmen sich mehr und mehr auch um ihre relevante Umwelt kümmern müssen. Das ist eine Folge der beschriebenen Diskontinuitäten. Umwelt ist hier nicht im Sinne der Ökologie zu fassen, sondern eher als „Umfeld". Was mir als Überschrift viel besser gefallen würde; aber „Umwelt-Informationen" hat sich als Titel nun mal in der Literatur etabliert.

Was betrifft aus meiner Beispiel-Liste (Abb.9) unser Unternehmen? Sicher die Konjunktur-Entwicklung, das Brutto-Sozialprodukt und die Bevölkerungs-Entwicklung. Was noch? Hersteller von Investitions-Gütern haben hier andere Prioritäten als ein Lebensmittel-Konzern oder eine Versicherungs-Gesellschaft.

1. ökologische Umwelt	– Verfügbarkeit von Energie – Verfügbarkeit von Rohstoffen – Entwicklung im Umweltschutz – Anforderungen durch Recycling
2. technologische Umwelt	– Produktionstechnologie – Produkttechnologie – Produktinnovation – Substitutionstechnologie – Recyclingtechnologie
3. wirtschaftliche Umwelt	– Entwicklung des Volkseinkommens – Entwicklung des internationalen Handels – Entwicklung der Zahlungsbilanzen – Entwicklung der Wechselkurse – Inflationstendenzen – Entwicklung der Kapitalmärkte – Arbeitsmarktentwicklung – Investitionsneigungen – erwartete Konjunkturentwicklungen – Entwicklung besonderer Sektoren
4. soziodemografische Umwelt	– Bevölkerungsentwicklung – Bevölkerungsstrukturen – sozialpsychologische Strömungen
5. politische und rechtliche Umwelt	– globalpolitische Entwicklungen – nationale politische Entwicklungen – regionale politische Entwicklungen – wirtschaftspolitische Entwicklungen – sozialpolitische Entwicklungen – gewerkschaftliche Einflüsse – steuerpolitische Entwicklungen

Abbildung 9: Informationsprogramm für eine Umweltanalyse

3.5 Chancen und Gefahren für unser Unternehmen

Auch hier die Aufforderung, die gefundenen und aufbereiteten Informationen nicht einfach zur Kenntnis zu nehmen, sondern auszuwerten und Chancen und Gefahren für unser Unternehmen daraus abzuleiten (Abb.1o.). Ist die Globalisierung für uns eine Chance oder eine Gefahr? Ist die kommende Öffnung der EU nach Osten für uns eine Chance oder eine Gefahr? Profitieren wir von neuen, noch unerschlossenen Märkten oder befürchten wir die Welle der billigen Arbeitskräfte? Diskutieren – auflisten – sich festlegen – das ist auch hier die Aufgabe.

Chancen	Gefahren

Abbildung 10: Chancen und Gefahren für unser Unternehmen
Fazit aus: Markt-, Umwelt- und Unternehmens-Information

Die notwendigen Informationen

3.6 Wir beschreiben mögliche Zukünfte

Ja, Sie haben richtig gelesen: Zukünfte! Denn wie die Zukunft wirklich eintreten wird – das wissen wir nicht. Wir können uns nur immer wieder bemühen zu antizipieren, was wohl eintreten wird (Adam Schaff, „Antizipatives Lernen"). Wir haben dafür schon eine ganze Menge erarbeitet:

Welche Veränderungen erwarten wir?

Wie beurteilen wir unsere Märkte?

Chancen und Gefahren für unser Produkt

Welche Umweltbedingungen müssen wir beachten?

Chancen und Gefahren für unser Unternehmen

Nun wird es in den Diskussionsgruppen im Unternehmen Mitarbeiter geben, die eine sehr positive, optimistische Meinung von der weiteren Entwicklung haben. Und es wird welche geben, die eher vorsichtig und zurückhaltend sind und sich lieber auf einen möglichen „Worst Case" einstellen. Wichtig ist jetzt: Keine Entscheidung treffen! Nicht die eine Meinung präferieren zu Lasten der anderen, sondern beide Meinungen gelten lassen! Und die erwarteten Zukünfte beschreiben: Die ganz positive Szenerie und die ganz negative Szenerie. Und eine eher normale Entwicklung in der Mitte von beiden. Wie wird die Welt – die für uns relevante Welt – wohl in fünf Jahren aussehen? Diese schriftliche Unterlage wird jedes Jahr bei der Überarbeitung der strategischen Planung aktiviert und es wird festgestellt: Bewegen wir uns eher auf der positiven Linie oder eher auf der negativen Linie? Von diesem Punkt aus werden wieder drei Zukünfte beschrieben, um ein Jahr verlängert.

Ich habe bewusst das Wort „Szenario-Technik" vermieden. Denn hinter diesem Begriff verbirgt sich eine sehr anspruchsvolle, wissenschaftliche Arbeit. Wir brauchen dagegen im Alltag der Unternehmen eine eher einfache, handhabbare Methode, um gemeinsam den Blick in die mögliche Zukunft zu wagen. Darum soll auch niemand annehmen, dass diese Zukunftsbeschreibung eine feste Planung ist, mit deren Hilfe man auf das Ende des Planungszeitraumes einen Zwölfer schießen kann. Nein – wir beschreiben mögliche Zustände = Handlungsspielräume für das Unternehmen am Ende von prognostizierten Entwicklungen. Und das Unternehmen kann sich schon jetzt auf mögliche oder gar wahrscheinliche Zustände vorbereiten und wird nicht überrascht.

Strategische Planung beschreibt die wünschenswerte Zukunft des Unternehmens. Und wir ergänzen jetzt: In einer von uns angenommenen Zukunft um uns herum.

3.7 Welches sind die Stärken und Schwächen unseres Unternehmens?

Auch das Unternehmen selbst muss auf den Prüfstand und unter die Lupe genommen werden! Denn eines muss klar sein: Wenn wir Ziele und Strategien formulieren, muss gleichzeitig die Frage gestellt werden: Können wir das überhaupt? Denn wenn wir keine Balance herstellen aus Wünschen und Möglichkeiten, planen wir den Misserfolg schon am Schreibtisch.

Ein heikles Thema. Denn welcher Unternehmer oder Manager wird gerne zugeben, dass wir auch Schwächen haben? Hier liegt also eine psychologische Hürde!

Meine Liste der möglichen Unternehmens-Informationen (Abb. 11) arbeiten wir in zwei Schritten ab:

1. Allgemeine Unternehmensentwicklung	– Umsatzentwicklung – Cash-flow-Entwicklung – Gewinnentwicklung – Kostenentwicklung	↑ objektive Zahlen
2. Marketing	– Marktleistung – Marktbearbeitung	subjektive Beurteilung
3. Produktion	– Produktionsprogramm – Produktionstechnologie – Produktionskapazität – Produktivität – Versorgungssicherheit	↓
4. Forschung und Entwicklung	– Leistungsfähigkeit – Schnelligkeit – Patente und Lizenzen	
5. Finanzen	– Kapital und -struktur – Finanzierungspotenzial – Liquidität – Absatzfinanzierung – Kapital-Umschlag – Umsatzrentabilität	
6. Personal	– Quantität – Qualität – Leistungsfähigkeit – Betriebsklima	
7. Führung und Organisation	– Führungsstil – Planungsverfahren – Entscheidungsverhalten – Qualität und Leistungsfähigkeit – Zweckmäßigkeit der Organisation – Flexibilität der Organisation – Informationssysteme	

Abbildung 11: Informationsprogramm für eine Unternehmensanalyse

Die allgemeine Unternehmens-Entwicklung erfahren wir aus der Buchhaltung oder aus der zentralen EDV. Die Umsatzentwicklung, die Absatzentwicklung, die Kostenentwicklung, die Gewinnentwicklung – das alles ist unproblematisch aufzubereiten. Meine Empfehlung: Zeichnen Sie alle Entwicklungen in entsprechenden Kurven auf. Ein Bild sagt mehr als tausend Worte. Und haben Sie den Mut, die weitere Entwicklung – unter heutigen Aspekten – zu prognostizieren.

Dazu kommen eine Reihe von Kennziffern, z. B.: Umsatz pro Mitarbeiter, Kosten pro Mitarbeiter, Leistung pro Zeiteinheit u.a.m. Die Kostenrechner können das viel besser definieren als ich. Das Maximum wäre ein Vergleich mit dem besten Konkurrenten, das sogenannte „Benchmarking". Zahlen bekommen Sie aus veröffentlichten Bilanzen, aus Geschäftsberichten, Messe-Besuchen und Kunden-Gesprächen – man muss die Goldkörner nur bewusst suchen, finden und festhalten!

Anders die folgenden Items: Wie gut unser Marketing ist, kann uns keine Tabelle sagen. Ob unsere Marktbearbeitung effizient genug ist, ist eine Frage der Einschätzung. Ob das Führungs- oder Entscheidungs-Verhalten gut ist oder nicht, ist eine Frage der persönlichen Empfindung. Keine Messlatte und kein PC-Programm geben uns dazu Zahlen. Da müssen wir uns etwas anderes einfallen lassen. Aus meiner langjährigen Beraterpraxis weiß ich, dass ein einfacher Ansatz hier die brauchbarsten, weil diskussionswürdigsten Ergebnisse bringt.

Gründen Sie eine Arbeitsgruppe unter der Leitung eines „alten Fuhrmanns". Er darf sich ja nicht beeindrucken lassen, wenn die Gruppe eine Schwäche lokalisiert hat und der betreffende Abteilungsleiter streitet das rundweg ab. Dann muss er fest bleiben! Diese Arbeitsgruppe bedient sich zweier Instrumente: Einmal sind es eine Anzahl von Gesprächen mit Führungskräften und Mitarbeitern, zum anderen die einfache Auflistung von besprochenen Stärken und Schwächen auf einfachen T-Konten (Abb. 12). Glau-

+ Unsere Marktleistung −	+ Unsere Marktbearbeitung −

+ Unsere Organisation −	+ Unsere Führung −

+ Unsere Mitarbeiter −	+ Unsere Finanzen −

Abbildung 12: Stärken- und Schwächenanalyse in Form einfacher T-Konten als Diskussions-Grundlage für eine Arbeitsgruppe

Unser „Wissen von der Zukunft"

ben Sie mir: Je einfacher, desto besser! Eine toll aufbereitete Unterlage, farbig auf Folien präsentiert – das ändert kein Mensch mehr! Eine einfache Auflistung dagegen, auf einer Pin-Wand oder einem Flip Chart signalisiert: Ich bin noch kein fertiges Ergebnis. Und dann wird diskutiert. Und das wollen wir. Am Schluss kann dann das vielfach diskutierte und oft verbesserte Ergebnis in einem Strategie-Workshop vorgestellt werden.

Erinnern Sie sich an das Statement von Dr. Peter Hoffmann? Er war langjähriger Chef-Stratege eines österreichischen Konzerns und sagte: Eine strategische Unternehmens-Planung ist ein ständiger Lernprozess im Unternehmen!

III. Die gemeinsame Richtung bestimmen

> Strategie bedeutet:
> Bevor man etwas beginnt,
> muss man einen Gesamtplan erarbeiten –
> mit dem Zweck, herauszufinden,
> wie man von Anfang an handeln muss,
> um am Ende Erfolg zu haben.
>
> *Professor Gälweiler*

III. Zusammenfassung der
Seminare

4. Was wollen wir, wer sind wir, was bieten wir?

4.1 Unsere Leitidee

Zwei Beispiele aus ganz verschiedenen Branchen und mit ganz verschiedenen Hintergründen sollen helfen, das Anliegen deutlich zu machen. Vor einiger Zeit fusionierte die Allianz-Versicherung mit der Dresdner Bank. Die Börse nahm davon kaum Notiz. Was ist neu und besser an diesem Unternehmen? Keiner wusste es. Die infragekommende Zielgruppe der eher Gutbetuchten reagierte skeptisch: Warum soll ich mit diesem Unternehmen zusammenarbeiten? Der griffige Slogan: „Versicherung-Vermögen-Vorsorge" war wohl doch eher aus semantischen Gründen interessant. Alles aus einer Hand? Da müsste man ja seine gesamten Verhältnisse aufdecken? Kurz: Das neue Unternehmen hatte keine einleuchtende „Story". Damit begann man erst später zu werben.

Wir alle erlebten den rasanten Aufstieg von Hunderten von Firmen der New Economy und deren ebenso rasanten Zusammenbruch. Was steckte dahinter? Diese Firmen wurden mehrheitlich von IT-Spezialisten gegründet. Man hatte eine tolle Idee und meinte, dass andere die nun auch toll finden müssten. Aber die Frage blieb unbeantwortet: Warum sollen Kunden mit uns zusammenarbeiten? Wer sind wir, dass man sich uns anvertraut? Was wollen wir erreichen, und zwar im wohlverstandenen Interesse unserer Kunden? Interessiert die das überhaupt? Was bieten wir, was mehr und/oder besser ist als das Angebot unserer Konkurrenten? Dass sich daran noch die zwei Hauptfragen für das Marketing anschließen, nämlich: Was verkaufen wir an wen? (Produktdefinition und Marktsegmentdefinition), soll sogar noch unberücksichtigt bleiben. Das Erstaunen war groß: Nun haben wir ein so tolles Angebot, wir haben es ins Schaufenster gestellt (bildlich gesprochen) und die Kunden strömen nicht herbei! Ein paar einfache Grundregeln der Old Economy gelten eben für jedes Geschäft, auch für neue Branchen. Zum Beispiel die: mehr outside-in zu denken als inside-out.

In einem überbesetzten Markt geht es eben nicht nur um Produkte und Preise. Die eher „weichen" Faktoren spielen eine immer größere Rolle. Warum soll ich gerade mit diesem Unternehmen zusammenarbeiten? Warum soll ich gerade dieses Produkt kaufen? Erst wenn diese Fragen ausreichend beantwortet sind, werden die Sachargumente interessant (Abb. 13).

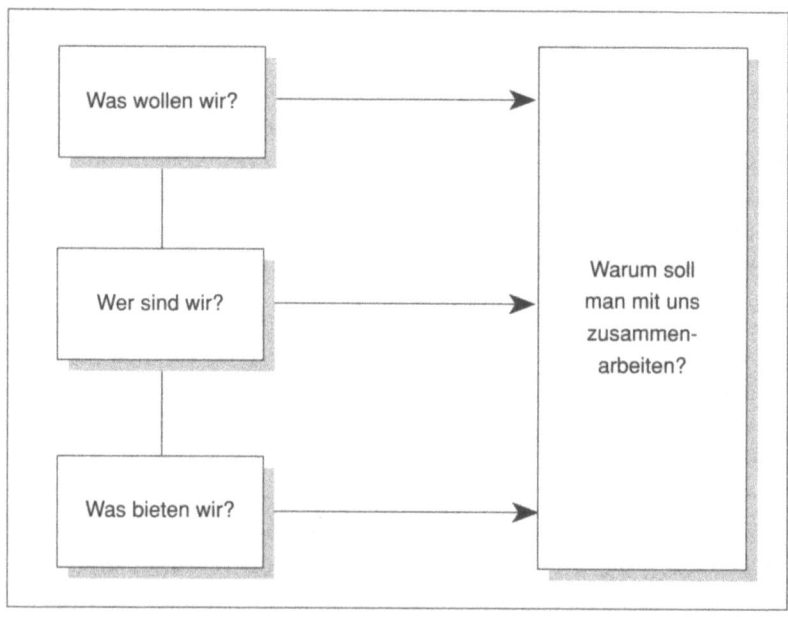

Abbildung 13: Die Leitidee unseres Unternehmens

Die gemeinsame Richtung bestimmen

Professor P. W. Meyer, Universität Augsburg, nannte in einem Vortrag diese Aussage: Sie ist die individuelle Antwort eines Unternehmens auf die Frage, wofür es überhaupt da ist.

Die erwünschte Nebenwirkung ist, dass auch die Mitarbeiter des Unternehmens – vor allem die qualifizierten! – in der Zusammenstellung der drei Antworten unter der Überschrift „Leitidee" ausreichend Stoff für die wünschenswerte Motivation finden. Geld verdienen kann man woanders auch.

Ein Beispiel für eine Antwort auf die Frage: Was wollen wir? Eine medizinische Großhandlung schreibt: Zu unserem Kundenkreis gehören Krankenhäuser, niedergelassene Ärzte, Absatzmittler, Patienten, Institutionen, Krankenkassen und Forschungs- und Industrie-Labors. Für diese Kundengruppen wollen wir ein fachlich kompetenter Berater und Problemlöser sein.

Ein Beispiel für eine Antwort auf die Frage: Wer sind wir? Eine Papierfabrik schreibt: Unsere Firmenbroschüre zeigt uns als dynamisches, weltweit operierendes Unternehmen. Für unsere Geschäftsfreunde sind wir seit Jahrzehnten ein verlässlicher, zukunftsorientierter und kostenbewusster Partner mit kurzen Entscheidungswegen. Die Gruppe bleibt auch in Zukunft ein selbständiges, von der Familie geführtes Unternehmen, welches mit hochmotivierten Mitarbeitern und großem Know-how auf den modernsten Produktionsanlagen Spitzenprodukte für den Weltmarkt produziert.

Ein Beispiel für eine Antwort auf die Frage: Was bieten wir? Ein Spiel-Unternehmen schreibt: Kundenorientierung und erstklassiger Service sind unsere Leitlinien, die uns zusammen mit der unverwechselbaren Gestaltung unserer Spielstätten klar von anderen Unternehmen unterscheiden. Mit immer neuen Spielideen in Verbindung mit modernster Technologie liefern wir unseren Gästen Abwechslung, Spaß und Unterhaltung. Dies begleiten unsere Mitarbeiter durch Begeisterung und Eigeninitiative.

4.2 Unsere Grundsätze und Leitlinien

Wie gehen wir eigentlich miteinander um? Wie verhalten wir uns gegenüber Lieferanten, Banken, Behörden? Warum sind wir von Nutzen für alle, die uns Ressourcen zur Verfügung stellen? Sie sehen: Mit derselben Grundhaltung wie bei der übergeordneten Leitidee holen wir hier etwas weiter aus (Abb. 14). Grundsätze und Leitlinien eines Unternehmens sollen beschreiben, wie sich das Unternehmen selber sieht und von seiner Umwelt gesehen werden möchte. Dabei soll es sich um nicht-ökonomische Aussagen handeln.

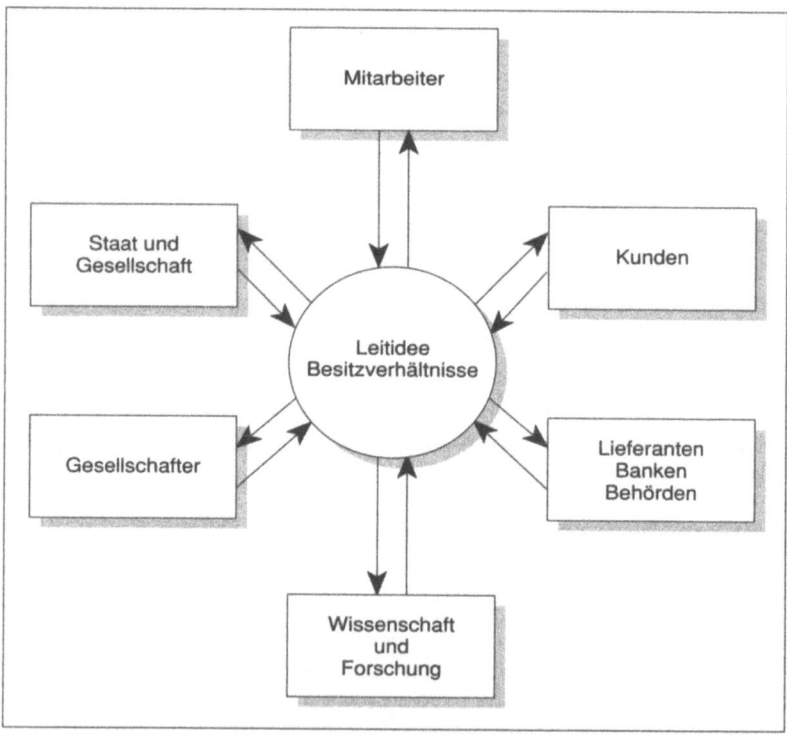

Abbildung 14: Unternehmensphilosophie / unternehmenspolitische Grundsätze

Mitarbeiter:

Hier werden Ausführungen zu finden sein wie: kooperativer Führungsstil, partizipative Führung, übertarifliche Bezahlung, Beteiligungsmodelle, zeitgerechte Arbeitsplätze.

Kunden:

Welchen Nutzen und welchen Zusatznutzen stiften wir mit unseren Produkten für Abnehmer und Verwender? Die Antworten müssten jetzt aus der Leitidee übernommen und konkretisiert werden können.

Lieferanten/Banken/Behörden:

Auch die andere Seite ist wichtig, beziehen wir doch von dort Leistungen, die vorteilhaft für das Unternehmen geboten werden sollten. Mit Lieferanten und Banken langfristig und partnerschaftlich zusammenarbeiten; Informations-Offenheit gegenüber den Banken; aktive Mitarbeit in Gremien und Verbänden; Unterstützung kommunaler Vorhaben – das sind mögliche Aussagen.

Wissenschaft und Forschung:

Eine chemische Fabrik oder ein Pharma-Hersteller werden hier sicher Aussagen machen. Ein Handelsunternehmen eher nicht.

Gesellschafter:

Die starke Betonung des „Shareholder Value" in unseren Tagen spricht eine deutliche Sprache. Natürlich wollen die Gesellschafter wissen, warum man sich mit einem Unternehmen einlassen soll, warum man sein Geld gerade dort anlegen soll, welche Regeln gelten sollen und welche Zusagen gegeben werden. Das betrifft Personengesellschaften und Kapitaleigner von GmbHs noch viel mehr als anonyme Aktionäre! Also gehören Aussagen in die Leitlinien hinein über den Sinn eines solchen Engagements.

Staat und Gesellschaft:

In immer stärkerem Maße fragt man auch nach dem gesellschaftlichen Nutzen eines Unternehmens. Das kann sich doch nicht einfach auf die Frage nach den Arbeitsplätzen reduzieren? Je besser es gelingt, den Nutzen deutlich zu machen, desto selbstverständlicher werden wir Unternehmen als notwendigen Teil unserer Gesellschaft ansehen und nicht nur als „Arbeitgeber".

Hier sollte man eine Redaktion bestimmen, die Entwürfe anfertigt und zur Diskussion stellt. Das darf man nicht einfach von oben verkünden, denn dann wird es als aufgesetzt empfunden. Am besten ist es, wenn die verschiedenen, immer wieder verbesserten Entwürfe ein halbes Jahr lang im Unternehmen diskutiert werden von Mitarbeitern, von Führungskräften, vom Betriebsrat. Dann werden sie verinnerlicht und als ein eigener Beitrag empfunden.

Früher nannte man das Ergebnis „Unternehmens-Philosophie". Das gefällt mir nicht so gut. Aus zwei Gründen:

1. Als die Amerikaner nach dem Krieg mit dem Begriff der „Company Philosophy" zu uns herüber kamen, meinten sie die gesamte und komprimierte Aussage zu: Leitidee, Leitlinien, Zielen und Strategien. Die „Story" eben. Wir haben das prompt falsch übersetzt mit „Philosophie".

2. Und bei Philosophie denken wir in Deutschland sofort an Kant und Hegel und formulieren hehre Sätze. Die klingen gut. Aber kann man die auch in den Alltag transferieren? Da gefällt mir „Leitlinien" viel besser.

Ein Tipp aus der Beraterpraxis: Leitlinien sind dann gut und wirklichkeitsnah formuliert, wenn sich sofort dreißig handfeste Maßnahmen daraus ableiten lassen.

5. Was wollen wir erreichen?

5.1 Unsere unternehmenspolitischen Oberziele

„Zeige einem Mann ein Ziel, und er hat den halben Weg dorthin schon zurückgelegt". Was für einen ehrgeizigen Menschen gilt, gilt auch für ein Unternehmen. Die psychologische Komponente ist hier angesprochen, die Motivation durch ein Ziel, das erreichbar erscheint und dessen Realisierung Freude machen wird. Ganz abgesehen davon, dass ein gemeinsames Ziel alle Bemühungen in die gleiche Richtung lenkt und damit verstärkt. Wie bei einem Wasserlauf, den man durch ein enges Rohr presst: Am Ende kommt es mit erhöhtem Druck wieder heraus! Deshalb: Verschenken Sie nie die psychologische Wirkung von Zielen!

Unternehmenspolitische Oberziele dürfen noch nicht allzu konkret sein. Das bringen wir auf der nächsten Ebene, bei den Strategischen Geschäftseinheiten, unter. Präzise genug allerdings müssen sie schon sein, nicht nur als verwaschene Absichtserklärungen wie z. B.: „Wir wollen weiter wachsen." Und einfach müssen sie sein, um begriffen zu werden. John F. Kennedy gab ein Beispiel: „In zehn Jahren ist ein Amerikaner auf dem Mond!" Und eine ganze Nation brach auf, um dieses Ziel zu erreichen.

Ziele sind dann eindeutig, wenn sie drei Forderungen erfüllen. Sie müssen definiert sein nach

Inhalt = Was soll erreicht werden?
Menge = Wie viel soll erreicht werden?
Zeit   = Wann soll es erreicht werden?

Eine Checkliste für mögliche unternehmenspolitische Oberziele finden Sie in Abb. 15. Dabei habe ich mich beschränkt auf die vier „Muss-Ziele" eines Unternehmens:

Rentabilität

Wachstum

Soziale Ziele

Identitätsziele

Zielfelder	Angaben (Beispiele)
1. Gewinnziele	– in absoluten Beträgen – als Umsatzrendite – als Kapitalrendite – in DB oder DBU – für das Gesamtunternehmen – oder für Profit-Center
2. Soziale Ziele	– Verbesserung des Betriebsklimas – Abbau der Fluktuation – Anhebung der Qualifikation – Verbesserung der Altersstruktur – Verbesserung der freiwilligen sozialen Leistungen – Verbesserung der sozialen Einrichtungen
3. Imageziele	– Aufbau oder Verbesserung eines bestehenden positiven Images – Abbau von negativen Image-Komponenten
4. Wachstumsziele	– Wachstum im Gesamtmarkt oder in Teilmärkten des Unternehmens – Marktanteile – Steigerungsraten – absolute Beträge – absolute Mengen – Eindringen in neue Teilmärkte – Ausschöpfen bestimmter Vertriebswege

Abb. 15: Zielfelder für unternehmenspolitische Oberziele

Rentabilität und Wachstum sind die wichtigsten Ziele eines Unternehmens. Sie gehören deshalb einfach in diese Spitzengruppe. Daneben – nach meiner Auffassung – die Identitätsziele. Wie ein Unternehmen draußen gesehen werden soll, ist eindeutig Chefsache. Und wenn es richtig ist (woran wohl kein Zweifel mehr erlaubt ist), dass ein Unternehmen nicht nur ein ökonomisches, sondern auch ein soziales System ist, gehören auch die sozialen Ziele dort hinein.

Wo es „Muss-Ziele" gibt, gibt es sicherlich auch „Kann-Ziele". Das sind solche, die vielleicht nur temporär Oberziel-Charakter haben und nach ihrer Erfüllung wieder aus der ersten Liga absteigen: Personalziele, zum Beispiel die komplette Besetzung einer neu gegründeten Forschungs-Abteilung; Organisations-Ziele, zum Beispiel die Installation einer neuen EDV; Kapitalziele, zum Beispiel die Erhöhung der Eigenkapital-Quote.

Die Festlegung der unternehmenspolitischen Oberziele ist eindeutig Chefsache. Allerdings wird eine gut beratene Unternehmens-Leitung die Führungskräfte der nächsten Ebene in die Zielsetzungsdiskussion einbeziehen. Alle sollen die Ziele begreifen und damit einverstanden sein. Und im Vorfeld zu diskutieren ist auf jeden Fall besser, als im Oktober zu hören: „Ich hab's ja gleich gewusst – das erreichen wir nie!"

5.2 Die Rangordnung der Ziele

Wenn eine Unternehmensleitung auf diese Weise die Ziele für die nächsten Jahre diskutiert und verabschiedet hat, ist sie noch nicht aus der Pflicht entlassen. Sie muss noch die Rangordnung der Ziele bestimmen und damit die Geschäftspolitik in diesem Zeitraum. Ein Beispiel: Das Gewinnziel bekommt sicher den ersten Rang. Bleibt es dort unter allen Umständen? Oder darf es leiden, wenn z. B. das Identitäts-Ziel nicht erreicht werden kann und massive Unterstützung braucht? Was hat in diesem Jahr die absolute Priorität? Die Expansion = Marktziele? Die Konsolidierung = Gewinnziele? Was gilt im nächsten Jahr? Hilfe kann eine einfache Aufstellung sein, die wiederum allen Beteiligten hilft, die Unternehmens-Politik nachzuvollziehen (Abb. 16).

	1. Rang	2. Rang	3. Rang
2003			
2004			
2005			

Abbildung 16: Die Rangordnung der Ziele

5.3 Haben wir sogar eine Vision?

In den letzten Jahren bin ich vermehrt dazu übergegangen, mit Unternehmern und Führungskräften über Visionen zu diskutieren. Der Anstoß kam von außen, speziell von den japanischen Kollegen, denen dieser Begriff viel geläufiger ist als uns.

Dies ist wiederum keine „Muss"-Bestimmung, sondern eine angebotene Alternative. Aber eine sehr wirksame. Das sagt meine Beratererfahrung.

Was ist eine Vision? Das Wort ist abgeleitet vom lateinischen „visio" = das Schauen. Es ist also etwas, was man – im Geiste – schon sehen kann, aber noch ohne zu wissen, wie der Weg dorthin aussieht. Durchaus vorstellbar und nicht ohne Realitätsbezug, wie z. B. die Utopie (Abb. 17). Sie ist also noch nicht planbar in Zahlen und Zeiten, aber sie ist durchaus nicht unrealistisch oder gar weltfremd. Ein Beispiel: Ein Kunden-Unternehmen formulierte kürzlich:

Wir werden in fünf Jahren zu den Top Ten der Branche gehören

Wir werden eine Aktiengesellschaft sein

Wir werden ein Beteiligungsmodell für alle Führungskräfte eingeführt haben.

Ungläubiges Staunen bei den Zuhörern. Dann begann man, sich damit anzufreunden: „Warum eigentlich nicht?" Und dann kamen schon die ersten Vorschläge und Ideen für den Weg dorthin. Das ist es!

Die beiden Statements zum Thema Vision (Abb. 18 und 19) sind nicht von mir, aber ich kenne den Autor nicht. Besser kann man es nicht sagen, was den Wert einer Vision ausmacht, die den eher praxisorientierten Führungskräften der mittleren Ebene im ersten Moment vielleicht etwas zu theoretisch erscheint. Sie müssen

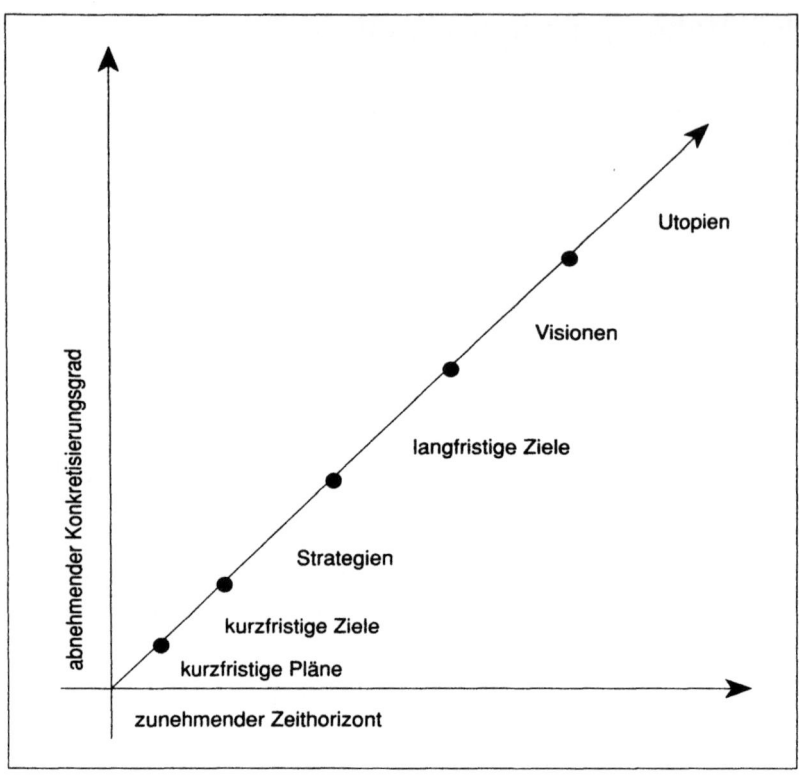

Abbildung 17: Visionen im Spannungsfeld zwischen Zeit und Konkretisierungsgrad

schließlich heute ihre Montage-Gruppe oder ihre Verkaufsorganisation zum Erfolg führen. Aber das soll uns nicht davon abhalten, einen solchen Blick in die Zukunft zu wagen.

- Sie ist unsere Vorstellung von etwas höchst Wünschenswertem.
- Dieses Wünschenswerte ist knapp jenseits der Grenze des als erreichbar Empfundenen angesiedelt.
- Seine Realisierung setzt das Überschreiten dieser Grenze voraus.
- Dieses Wünschenswerte ist sehr stark emotional besetzt. Die Bildhaftigkeit dieser Besetzung ist stark.
- Damit ist es im Grenzbereich zwischen Denken und Fühlen, zwischen Machbarkeit und Fantasie, zwischen Bewusstem und Unbewusstem angesiedelt.
- Und die Realisierung ist für alle Beteiligten mit einem hohen Maß an Sinnerfüllung verbunden.

Abbildung 18: Vision I

Eine Vision ist ein lebendiges, sehr wünschenswertes, sehr herausforderndes – aber auch sinngebendes – Bild von der Zukunft eines Unternehmens, dessen Attraktivität allen Beteiligten Energie zu seiner Verwirklichung vermittelt.

Abbildung 19: Vision II

Was wollen wir erreichen?

IV. Das zentrale Thema: Führen mit strategischen Geschäftseinheiten

Eine Strategie
ist die Ökonomie
der Kräfte

Clausewitz
„Vom Kriege" (1832)

6. Die Portfolio-Technik als Denkhilfe

6.1 Einführung in die Portfolio-Technik

Jetzt ist Hannibal an der Reihe. Sie entsinnen sich: In meiner These Nr. 4 habe ich behauptet: Strategisches Denken heißt auch:

für differenzierte Ausgangs-Situationen

differenzierte Ziele setzen

differenzierte Vorgehensweisen festlegen

und differenziert die Mittel zuteilen.

Aber wie geht das? Wie kann man dieses Denken in die Planung für ein Unternehmen transferieren? Da hilft uns die Portfolio-Technik.

Ein kurzer Abschnitt zur Theorie. Das Wort kommt – wie die meisten kaufmännischen Begriffe (Saldo, Konto, Bankrott = banca rotta) – aus dem Italienischen und bedeutet – etwas frei übersetzt – Aktentasche: portare = tragen, folio = Papier. Wir kennen den Begriff auch aus dem Französischen = Portefeuille. Ein „Minister ohne Portefeuille" ist also jemand, der keine Aktentasche braucht, weil er kein Fachministerium leitet, sondern nur aus parteipolitischen Gründen einen Posten bekommen hat.

Eine Aktentasche hat mehrere Fächer, weshalb der Begriff „Portfolio" zum Synonym geworden ist für die Bündelung ganz unterschiedlicher Aktivitäten in einer Hand.

Ein einfaches Beispiel zum Einstieg: Stellen Sie sich vor, Sie sind ein Gutsherr in Niedersachsen. Sie besitzen endlose Weideflächen und demzufolge auch zahlreiche Pferde. Nun geht es darum, für die weitere wirtschaftliche Planung des Gutes diese Pferdeherde in bestimmte Gruppen einzuteilen. (Die Pferdebesitzer sollen mich jetzt nicht steinigen, es geht mir ja nur um die Erklärung des Prinzips.) Sie wählen zwei Kriterien. 1. Die erbrachte Leistung in Form von Arbeitserträgen oder Renngewinnen und 2. die Schnelligkeit der Tiere. Und Sie zeichnen sich das in Form eines zweidimensionalen Bewertungs-Systems auf (Abb. 20).

	+ Leistung ./.	
+	Rennpferde	Fohlen
Schnelligkeit		
./.	Arbeitspferde	Klepper

Abbildung 20: Portfolio-Technik: Hilfsmittel für das strategische Denken

Die Fohlen kommen in das Feld Nr. 1 rechts oben. Sie sind zwar munter und schnell, bringen aber noch keine wirtschaftliche Leistung. Aber: Interessante Fohlen muss man füttern, obwohl sie noch nichts einbringen. Das ist eine Investition in die Zukunft!

Die Rennpferde sind schnell wie der Wind und wirtschaftlich erfreulich, da sie viele Preise gewinnen. Also: Oben links hinein in das Feld 2. Und wir investieren jede gewonnene Mark wieder, um die Herde zu vergrößern oder einen besseren Trainer zu engagieren.

Die Arbeitspferde kommen in den Quadranten Nr. 3 links unten hinein. Sie schuften im Wald beim Abtransport der geschlagenen Bäume. Das ist umweltfreundlicher und auch billiger als das Arbeiten mit schweren Traktoren. (Wussten Sie, dass die berühmten Münchner Bräurösser so beschäftigt werden, wenn nicht gerade Oktoberfest ist?) Sie sind nicht schnell, aber wir verdienen damit gutes Geld.

Dann bleiben die übrig, die nur noch das Gnadenbrot bekommen und die man demnächst verkaufen sollte. Rechts unten hinein in das Feld 4. Da stimmen Schnelligkeit und wirtschaftliche Leistung nicht mehr.

Jetzt haben Sie schon das Grundprinzip der Portfolio-Technik erkannt. Immer wird es darum gehen, mit zwei Messkriterien die Lage und Qualität von Ertragspotenzialen zu bestimmen, um dann ganz bestimmte Strategien daraus abzuleiten.

Besitzen Sie vielleicht ein Wertpapier-Portfolio? Hier kommen wir dem Begriff noch etwas näher. In einem gut ausgestatteten Wertpapier-Portfolio sind Papiere mit hohen Renditen, die Risiko beinhalten, aber auch sichere Papiere mit festen Zinsen. Vielleicht haben Sie auch auf die Zukunft gesetzt und ein paar Aktien der New Economy gekauft in der Erwartung auf zukünftige Gewinne? Und dann gibt es die, die man demnächst verkaufen möchte, weil sie keine Rendite mehr bringen. Ein gut sortiertes Wertpapier-Portfolio könnte so aussehen wie die Abb. 21.

Fach 2 Papiere, die man in schon bekannten Wachstumsbranchen angelegt hat. Man erzielt schon Gewinne, investiert sie aber sofort wieder, um die Position zu verbessern im Hinblick auf künftige weitere Erträge.	**Fach 1** Papiere, die man in Zukunftsbranchen oder Zukunftsindustrien angelegt hat. Sie kosten Geld, bringen aber noch keinen Ertrag.
Fach 3 Sichere Papiere, sei es in bekannten, alten Branchen mit abschätzbaren Gewinnerwartungen oder als festverzinsliche Papiere. Hier wird regelmäßig verdient, ohne weitere Investitionen und ohne großes Risiko.	**Fach 4** Papiere aus Firmen und Branchen, die nicht mehr genug Rendite erbringen und von denen man sich bei passender Gelegenheit trennen wird.

Abbildung 21: Ein Wertpapier-Portfolio

Kann man das auch auf ein Unternehmen übersetzen? Aber sicher! Abb. 22 zeigt, wie das aussehen könnte. Wir haben hier schon ganz differenzierte Ausgangssituationen, aus denen sich ganz differenzierte Politiken ableiten lassen.

Fach 2	Fach 1
Aktivitäten in ausgesprochenen Wachstumsmärkten, in denen wir eine gute Position haben und weiter investieren, um das Wachstum mitzumachen. Erzielte Gewinne werden sofort wieder investiert.	Aktivitäten in interessanten Märkten, in denen wir noch nicht sehr stark vertreten sind, aber weiter mitmischen möchten. Diese Investitionen in zukünftige Märkte kosten Geld, Gewinne werden noch nicht erwirtschaftet.
Fach 3	**Fach 4**
Aktivitäten in Märkten, die nicht mehr stark wachsen, in denen wir aber gut vertreten sind und darum auch aktive Politik, z. B. Preispolitik, betreiben können. Hier braucht nicht mehr in Wachstum = Markt investiert zu werden, die Renditen sind gut und werden verbessert durch Rationalisierungsinvestitionen.	Aktivitäten in Märkten, die uninteressant geworden sind und in denen unsere Position auch nicht sehr besonders ist. Es wird nicht mehr verdient, wir sollten aber auch nicht mehr investieren, vielleicht sogar verkaufen, um Firmenwert oder Produktwert zu optimieren.

Abbildung 22: Ein Aktivitäten-Portfolio

Die Finanzer werden sofort erkennen: Die Produkte in den Feldern 2 und 4 müssen sich selber tragen und ausgleichen, die Produkte im Feld 1 finanzieren wir durch das Feld 3. Haben Sie ein so ausgeglichenes Portfolio? Probieren Sie das gleich einmal! Sie können sicher ganz spontan einige Produkte oder Angebote Ihres Unternehmens den einzelnen Feldern im Portfolio zuordnen (Abb. 23). Damit hätten Sie schon den ersten Schritt in das differenzierte Denken im Sinne von differenzierten Strategien getan.

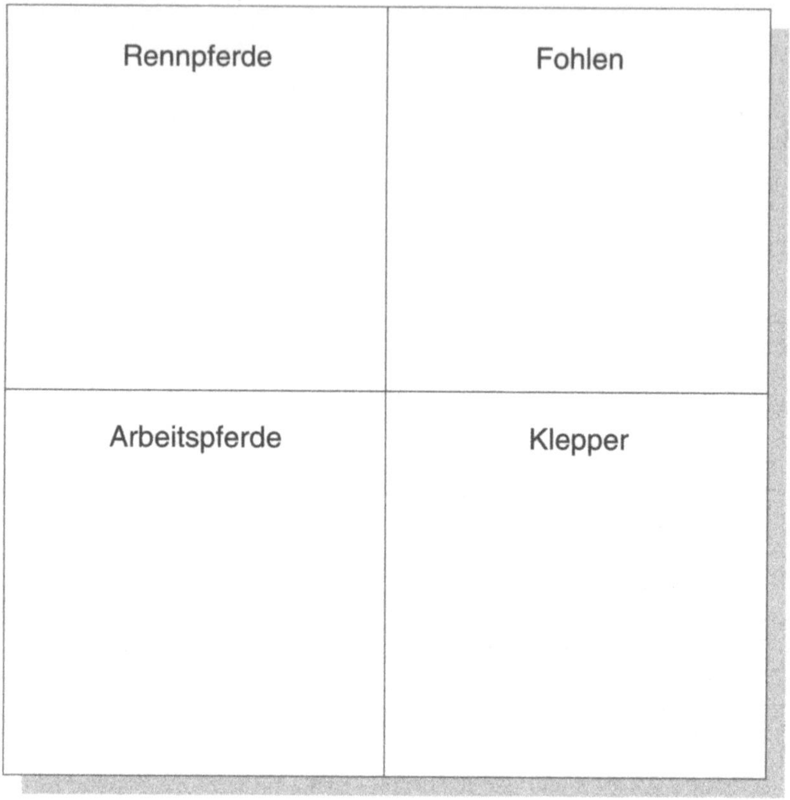

Rennpferde	Fohlen
Arbeitspferde	Klepper

Abbildung 23: Gleich einmal selbst ausprobieren ...

Hinter dieser eher spielerischen Aufforderung verbirgt sich ein sehr ernster Hintergrund: Viele Firmen setzen aus lauter Tradition immer noch auf Produkte im Feld 4 und stützen sie mit immer neuem Mitteleinsatz. Man kann sich einfach nicht trennen von Produkten und Angeboten, die man nun schon so viele Jahre im Programm hat. Und von denen man etwas versteht. Genauso viele Firmen kenne ich, die ausschließlich auf Wachstums-Produkte in den Feldern 1 und 2 gesetzt haben, ohne sich Gedanken darüber zu machen, wie es bezahlt werden kann, wenn sich die Wettbewerbsverhältnisse in globalen Märkten schlagartig ändern!

6.2 Das Produkt-Portfolio der Boston Consulting Group

Wer hat das Portfolio erfunden? Als ältesten Hinweis auf eine Veröffentlichung fand ich: Markowitz, Portfolio-Selection, New York 1967. Zu einer brauchbaren Technik entwickelt haben es die großen amerikanischen Berater Boston Consulting Group und McKinsey.

BCG benutzt die Vier-Felder-Matrix und bezeichnet sie so wie in Abb. 24.

Abbildung 24: Das Produkt-Portfolio von BCG

Übersetzt man diese Schlagworte in die Denkwelt eines Unternehmens, dann könnte das Portfolio so aussehen wie in Abb. 25:

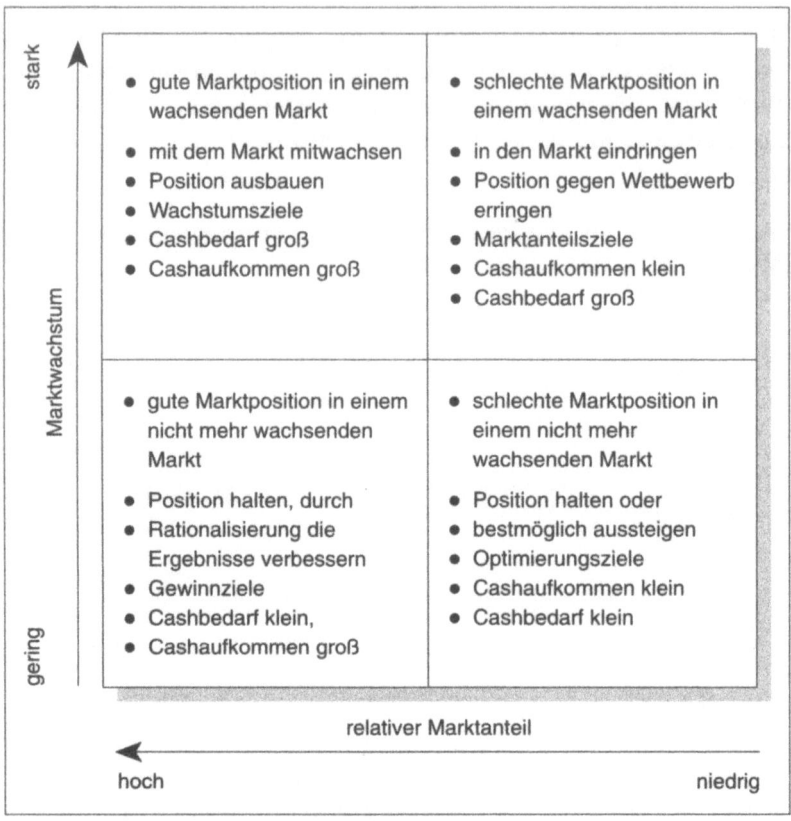

Abbildung 25: Produkt-Portfolio von BCG

Für alle vier Felder – und damit für die später dort einzutragenden Ertragspotentiale – ist damit vorgegeben:

Die differenzierte Ausgangs-Situation:
- schlechte Marktposition in einem wachsenden Markt
- gute Marktposition in einem wachsenden Markt

- gute Marktposition in einem nicht mehr wachsenden Markt
- schlechte Marktposition in einem nicht mehr wachsenden Markt.

Die differenzierte Vorgehensweise = Normstrategie:
- in den Markt eindringen, Position gegen den Wettbewerb erringen
- mit dem Markt mitwachsen, Position ausbauen
- Position halten, durch Rationalisierung Ergebnisse verbessern,
- Position halten oder bestmöglich aussteigen.

Die differenzierte Zielsetzung:
- Marktanteilsziele
- Wachstumsziele
- Gewinnziele
- Optimierungsziele

Die differenzierte Mittelzuteilung:
- Cashaufkommen klein, Cashbedarf groß
- Cashaufkommen groß, Cashbedarf groß
- Cashbedarf klein, Cashaufkommen groß
- Cashaufkommen klein, Cashbedarf klein.

Das wollten wir erreichen. Das ist die ungeheuer einleuchtende Systematik, die aus dieser Hilfe abzuleiten ist.

6.3 Das Produkt-Portfolio von McKinsey

Vielen ist die Vier-Felder-Matrix von BCG zu grob gestrickt. Mir geht es auch so. Ich benutze sie mit viel Erfolg bei der Einführung von Planungs-Gruppen oder in Seminaren, um die Portfolio-Technik zu erklären. Dafür ist sie unschlagbar in ihrer Einfachheit und Systematik. Und über das Verständnis für diese Systematik wächst auch die Bereitschaft, sich mit dieser Technik vertraut zu machen.

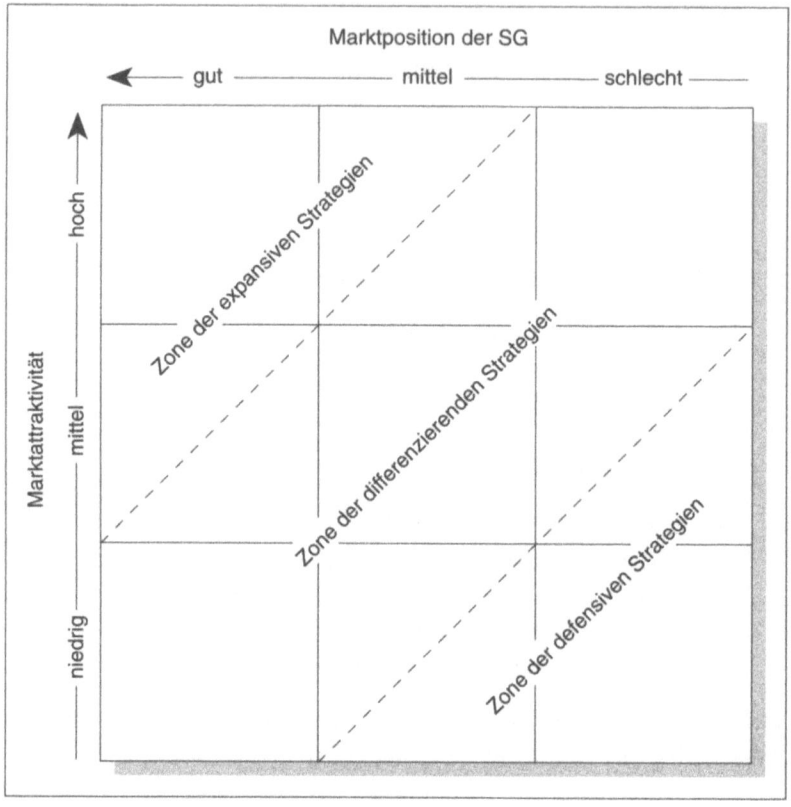

Abbildung 26: Das Produkt-Portfolio von McKinsey

Für die Arbeit in der Praxis bevorzuge ich die Neun-Felder-Matrix von McKinsey (Abb. 26). Nicht, weil sie ein paar Felder mehr hat, sondern wegen der vielfältigen Messkriterien bei der Bestimmung der Qualität von Ertragspotentialen. Und ähnlich wie bei den Fohlen, Rennpferden und Kleppern wird es auch bei McKinsey Felder mit vorgegebenen Normstrategien geben.

6.4 Die eindeutige Definition unserer Ertragspotenziale

Dies ist einer der wichtigsten Schritte im Rahmen unserer Strategie-Überlegungen. Die Portfolio-Technik ist nur ein Hilfsmittel. Hier aber beginnt die sinnvolle Aufteilung unseres Unternehmens in selbständige Einheiten. Denn das war doch unser Vorhaben: Nicht mehr auf breiter Front und undifferenziert vorzugehen, sondern differenziert und konzentriert auf durchaus unterschiedlichen Feldern.

Ertragspotenziale und strategische Geschäftseinheiten bilden dabei insofern eine Einheit, als sie aufeinander aufbauen. Meist wird „SG" sogar synonym für beides gesetzt. Vorläufig wollen wir aber noch unterscheiden:

Ertragspotenzial ist ein unternehmerisches Aktionsfeld (auch Geschäftsfeld), beschrieben als „Produkt oder Leistung in einem Markt". Deshalb häufig auch: Produkt-Markt-Feld.

Strategische Geschäftseinheit ist derjenige Unternehmensteil, der sich speziell auf dieses definierte Ertragspotenzial konzentrieren soll (Abb. 27).

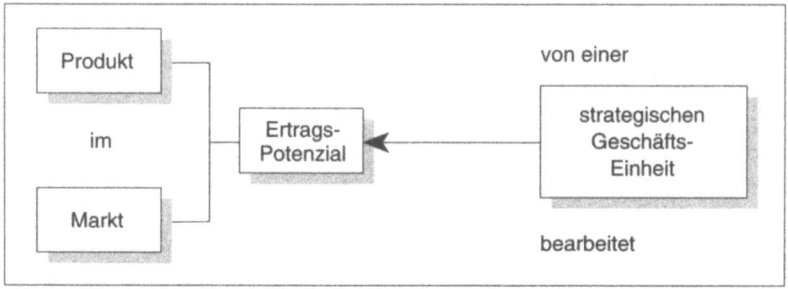

Abbildung 27: Ertragspotenziale und strategische Geschäftseinheiten

Ein „Produkt" in diesem Sinne ist immer eine Kombination aus

Hardware (das Produkt selbst)

Software (die Nutzen-Definition und/oder Gebrauchsanleitung)

Service (die Added Values)

Immer geht es um ein komplettes Nutzenbündel, das dem Kunden hilft, Probleme zu lösen und Chancen zu realisieren.

Viel heterogener zeigt sich das, was wir unter „Markt" verstehen können. Hier können Kriterien sein (Abb. 28):

Produkte – Hardware – Software – Service	– abgestimmt auf die komplette, abgrenzbare Problemlösung bei Kunden/-gruppen.
Märkte – geografische Märkte – Branchen-Märkte – anwendungstechnische Märkte – Größenklassen von Kunden – Abnehmerklassen von Kunden – Vertriebswege	– eindeutig abgrenzbar, – damit messbar – eigenständige Bearbeitung möglich – eigenständige Entwicklungen möglich

Abbildung 28: Definition von Ertragspotenzialen

geografische Märkte (Norddeutschland/Süddeutschland, Länder und EU-Raum, Amerika, Asien etc.)

branchentechnische Märkte (Maschinenfabriken, Landwirtschaft, Kommunen etc.)

anwendungstechnische Märkte (Kunden, die ganz bestimmte Techniken anwenden, z. B. Messen und Wiegen, elektronische Steuerung etc.)

Größenklassen von Kunden (Großkunden/Kleinkunden)
Handelsstufen (Großhandel/Einzelhandel)
Abnehmerklassen (Verarbeiter/Vertreiber/Verwender)
Vertriebswege (Versandhandel, stationärer Handel)

Zwei Beispiele von vielen, die ich aus meiner Tätigkeit kenne:

1. Ein Unternehmen der Milch-Industrie differenziert folgendermaßen:
   – Trockenprodukte für die Lebensmittel-Industrie
   – Trockenprodukte für die Pharma-Industrie
   – Trockenprodukte für die Futtermittel-Industrie
   – Markenartikel für den Lebensmittel-Handel.

2. Eine chemische Fabrik unterscheidet so:
   – Produkte für die Waschmittel-Industrie
   – Produkte für die Papier-Industrie
   – Produkte für die Fleisch-Industrie
   – Produkte für die Lack- und Farben-Industrie.

Schon die Bestimmung „Produkte für …" bringt das Unternehmen weg von der reinen Produkt-Orientierung (inside-out) zur verstärkten Kunden-Orientierung (outside-in). Das führt fast zwangsläufig zum Denken in Kunden-Kategorien, Kundenproblemen und Kundennutzen.

Ganz zu Beginn habe ich gewarnt: Strategische Planung ist temporär arbeitsintensiv. Dies ist so eine Stelle, an der man das festmachen kann. Denn unter Umständen müssen Sie jetzt Ihre ganze Marktanalyse noch einmal aufrollen, vielleicht muss das Informations-Programm für die einzelnen Produkt-Marktfelder jetzt ganz anders aussehen? Denn das leuchtet ein: Lebensmittel-Industrie und Pharma-Industrie sind ganz unterschiedliche Märkte. Phosphate für die biostatische Ausrüstung von Papieren und Phosphate als Hilfsmittel zum Pökeln von Fleisch – und Wurstwaren – das sind ganz unterschiedliche Problemstellungen, differenzierte Branchen-Entwicklungen und sehr unterschiedlicher Service-Bedarf. Und dann die Umwelt-Analyse! Bei Lebensmitteln gibt es völlig andere gesetzliche Vorschriften als bei der Papierherstellung. Und wie sieht es innerbetrieblich aus? Ist unser Know-how z. B. für die Produktentwicklung in allen Bereichen gleich gut? Erreicht unsere Vertriebsorganisation alle Märkte gleich gut oder konzentriert man sich auf Produkte, die man gut beherrscht bei Kunden, die man gut kennt? Das ist menschlich. Also muss auch das Informations-Programm für eine Unternehmens-Analyse noch einmal auf den Tisch und gesplittet werden.

6.5 Wie gut liegen unsere Ertragspotenziale im Portfolio?

Wie finden unsere Ertragspotenziale ihren Platz im Portfolio? Wie wird entschieden, ob sie im Fohlenfeld liegen oder zu den Rennpferden gehören? Dazu bedarf es sicherlich einer sachlichen Basis für die Diskussion.

BCG benutzt für die Einordnung der Ertragspotenziale nur zwei Messwerte:

1. In der Senkrechten die Frage nach dem „Marktwachstum". Wächst der Markt noch, in dem unser Produkt erfolgreich sein soll? Je stärker das individuelle Wachstum gerade dieses Marktes, desto höher rückt der Punkt nach oben. Das ist Zukunftsorientierung pur! Je schwächer das Wachstum, desto mehr rückt der Punkt nach unten.

2. In der Waagerechten messen wir den „relativen Marktanteil" des betreffenden Ertragspotentials. Der Begriff bezeichnet das Verhältnis unseres Marktanteils zu dem des größten Konkurrenten. Sind wir selbst der Erste im Markt und der größte

Konkurrent demzufolge kleiner als wir, liegt der Wert > 1. Wenn ein anderer der Größte im Markt ist und wir demzufolge kleiner, liegt der Wert < 1. Dieses ausschließliche Ausrichten auf die Größe hat seinen Grund darin, dass man davon ausgeht, dass der Erste (relativer Marktanteil > 1) die Politik im Markt bestimmen kann! Dieses Denken beeinflusst viele Entscheidungen bei großen Unternehmen. Zum Beispiel die für Fusionen, Übernahmen, Strategische Allianzen, die zu diesem Status führen. Oder zu der Entscheidung, nur diejenigen Geschäftsfelder weiterzuführen und zu fördern, bei denen diese Spitzenposition schon erreicht ist oder doch erreicht werden kann. Und sich von „poor dogs" oder „Kleppern" zu trennen.

Das wiederum hat als Hintergrund die Lehre von der Erfahrungs-Kurve. Sie besagt, dass bei jeder Verdoppelung der ausgebrachten kumulierten Menge ein Kostensenkungspotential von rund 30 Prozent auf die Wertschöpfung entsteht. Nicht etwa automatisch, sondern als Chance, die genutzt werden kann. Das betrifft nicht nur die Stückkosten-Degression, sondern auch die günstigere Verteilung der Overheads, eine bessere Position bei Verhandlungen mit Kunden u.v.a.m. Logisch, dass der Größte im Lande bei der jeweiligen Verdoppelung viel schneller ein höheres Kostensenkungs-Potenzial einsetzen kann. Deshalb das Streben nach der Pole-Position.

Ich habe ein fiktives Kunden-Portfolio aufgezeichnet (Abb. 29) um zu zeigen, wie das Ergebnis aussehen könnte. Die Größe der Kreise repräsentiert die Höhe der Umsätze:

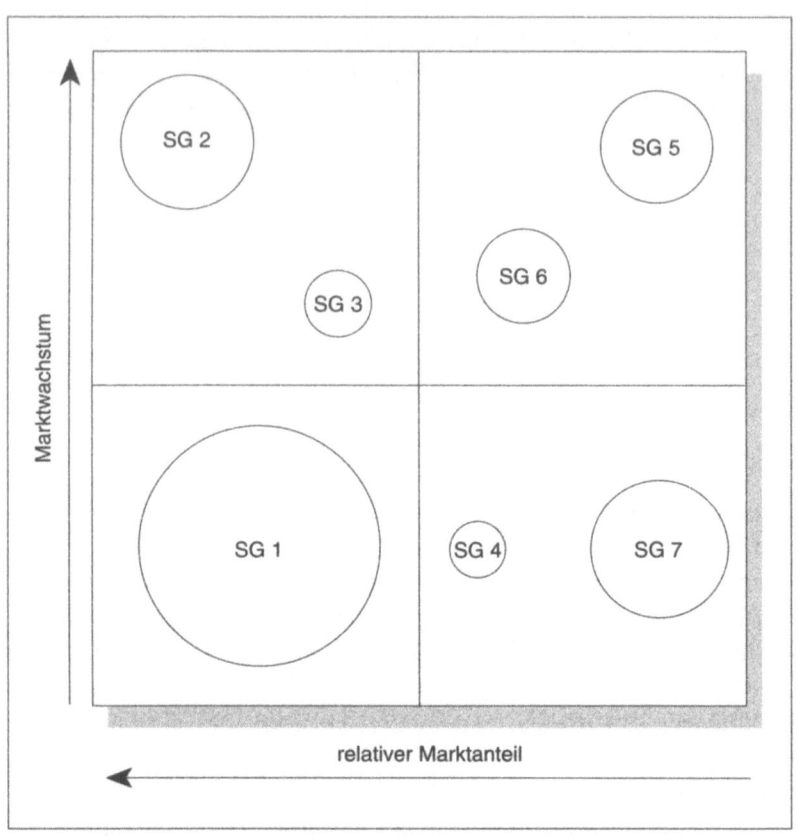

Abbildung 29: Die Ertragspotenziale eines Unternehmens im Portfolio

Der Hauptumsatz des Unternehmens (SG 1) wird in einem vermutlich schon älteren Markt erzielt, der kein großes Wachstum mehr hat. Unsere Politik: Die Deckungsbeiträge durch Rationalisierungs-Maßnahmen zu verbessern und die Position durch Abkommen und Verträge abzusichern. Größere Investitionen für eine Expansion entfallen.

Die SG 2 und SG 3 liegen im besten Feld: Wachsender Markt und hoher relativer Marktanteil. Wollen wir mit dem Markt mitwachsen oder eventuell sogar schneller wachsen als der Markt? Auf jeden Fall investieren wir jede verdiente Euro in die Expansion.

Die SG 5 und SG 6 liegen im Fohlenfeld. Die Märkte wachsen. Es lohnt sich also, dabei zu bleiben und den Marktanteil zu erhöhen. Aggressives Vorgehen ist angesagt, dazu verstärkte Aktivitäten in Verkauf und Marketing. Das kostet natürlich Geld.

Bleibt der letzte Quadrant mit den SG 4 und SG 7. Das sind die „Klepper". Bei der SG 4 dürfte es nicht schwer fallen, sie aufzugeben. Man sollte nicht gutes Geld schlechtem hinterherwerfen. Bei der SG 7 ist das anders: Die Größe des Kreises sagt, dass da noch interessante Umsätze erzielt werden. Aber mit welchem Mitteleinsatz für Rabatte, Zugeständnisse, Preisnachlässe o. ä.? Vielleicht kann man dieses Produkt mit einem interessanten neuen Nutzen wieder in das Fohlenfeld bringen? Ein Beispiel: Einer meiner Kunden ist ein sogenannter Schwerweber. Feste Stoffe für diverse Zwecke lagen im „Klepper"-Feld. Man baute eine Halle für die Konfektion und verkauft heute Militärzelte, Post-Taschen, LKW-Planen, hergestellt aus denselben Stoffen wie früher. Aus der anfänglichen „Fohlen"-Position ist man mittlerweile mit einer hervorragenden Marktposition in das „Rennpferde"-Feld vorgerückt.

Jetzt brauchen wir ein Break! Merken Sie es? Wir sind mitten drin in einer Strategie-Diskussion! Und das aufgrund eines einfachen Beispiels in einer einfachen Boston-Matrix! Das ist immer wieder mein Anliegen: Die Instrumente sind einfach, die Schlussfolgerungen gravierend!

Dies ist auch die Stelle für die erste Diskussion über die Alternativen. Ist es richtig, die beiden SG 5 und SG 6 zu fördern? Oder sollten wir uns – im Sinne von Clausewitz – auf eine SG konzentrieren, dort alle verfügbaren Mittel einsetzen, einen schnellen

Durchbruch schaffen und die Expansion der beiden SG nicht nebeneinander, sondern nacheinander betreiben? Was bringt die eine Lösung an Umsatz, was die andere ? Was erfordert die eine Lösung an Mittel-Einsatz, was die andere? Können wir überhaupt beides schaffen?

Ist es richtig, auch die SG 2 noch zu fördern, oder ist hier schon ein Maximum an Marktposition erreicht und wir müssen einiges tun, um diese Position zu halten? Was bringt die eine Lösung, was die andere? Was kostet die eine Lösung, was kostet die andere?

Ist es richtig, die SG 4 schon heute aus dem Markt zu nehmen? Können wir nicht einfach warten, was da passiert? Was verstehen die Leiter dieser beiden SG unter „Optimierungs-Zielen"? Ist der Leiter der SG 4 in der Lage, den Rückzug aus dem Markt zeitgenau und mit den richtigen Schritten vorzunehmen? Ohne Porzellan zu zerschlagen?

Eine Menge Fragen. Und ich empfehle noch einmal, sie nicht zu unterdrücken und einsame Entscheidungen zu treffen. Denn nur die Diskussion und das Ausscheiden weniger guter Alternativen bringt uns die Sicherheit: Die von uns gewählte ist die richtige!

Die McKinsey-Matrix unterscheidet sich von der Boston-Matrix vor allem durch die Bewertungs-Kriterien. In der Senkrechten ist es die „Marktattraktivität", in der Waagerechten die „Marktposition" unserer SG in eben diesem Markt. Die Abbildungen 30 und 31 zeigen, dass man mit jeweils neun Kriterien arbeitet.

	SG 1	SG 2	SG 3	SG 4
1. Markt – Marktgröße – Marktwachstum – Wettbewerbssituation				
Summe 1:				

2. Rentabilität
– mögliche Deckungs-
  beiträge
– mögliche Umsatzrenditen
– möglicher
  Kapitalumschlag				

Summe 2:				
3. Risikofaktoren – Eintrittsbarrieren – Preisspielräume – gesetzliche Einschränkungen				
Summe 3:				
Summe 1 – 3:				

Bewertung. 10 = sehr gunstig/hoch, 1 = sehr ungünstig/niedrig

Abbildung 30: Bestimmung der Marktattraktivität für verschiedene SG

	SG 1	SG 2	SG 3	SG 4
1. Markt – Marktanteil – Entwicklung des Marktanteils – relativer Marktanteil				
Summe 1:				
2. Rentabilität – erzielte Deckungsbeiträge – erzielte Umsatzrendite – erzielter Kapitalumschlag				
Summe 2:				
3. Risikofaktoren – Etabliertheit im Markt – Preisentwicklung – Anpassung an gesetzliche und andere Beschränkungen				
Summe 3:				
Summe 1 – 3:				

Bewertung: 10 = sehr günstig/hoch; 1 = sehr ungünstig/niedrig

Abbildung 31: Bestimmung der Marktposition für verschiedene SG

Zur „Marktattraktivität" gehört ganz selbstverständlich auch so eine Frage wie die nach den Chancen zur Erzielung guter Deckungsbeiträge oder Umsatzrenditen. Wie ist denn die Wettbewerbs-Situation? Gibt es Risikofaktoren und werden wir mit ihnen fertig? Es kommt bei der Beurteilung eines Marktes sicher auf mehr an als nur auf dessen Wachstumsraten. Ihr eigener „relativer Marktanteil" ist vielleicht nur klein. Aber besetzen Sie vielleicht eine Nische im Markt? Beispiel: Das Angebot von Versendern für Damen-Oberbekleidung in Übergrößen. Oder bieten Sie ein ganz spezielles Produkt an? Prominentes Beispiel: Porsche. Der „relative Marktanteil" im Automarkt ist sicher deutlich < 1. Aber dieses Produkt hat einen eigenen Markt! Besonders gut sind die dran, die ein Spezialprodukt mit einer Nische verbinden können. Beispiel: Ein Landmaschinen-Hersteller in meiner Kundschaft bietet „Gebläsespritzen für Obstplantagen in Hanglage" an. Die Zielgruppe ist nicht groß, der Markt wird auch nicht mehr wachsen, aber: Die Kundschaft ist bereit, für die Problemlösung zu bezahlen, und das Risiko ist gering, dass jemand in diesen kleinen Markt einsteigt.

Kurz und gut: Wir brauchen sicher mehr Beurteilungs-Kriterien als nur das Marktwachstum und den Relativen Marktanteil. Im Anhang finden Sie meine in der Praxis entstandenen Listen für die Bewertungs-Maßstäbe. Unerlässlich für eine lebhafte, aber gesteuerte Diskussion in einer Planungs-Gruppe.

6.6 Der Produkt-Lebenszyklus

Die Marketer unter den Lesern haben es schon geahnt: Die Ähnlichkeit eines Produkt-Portfolio mit der Lebenszyklus-Kurve von Produkten ist unverkennbar. Sie heißt so, weil man unterstellt, dass ein Produkt ein Leben hat wie ein Mensch (Abb. 32). Gilt das genauso auch für Unternehmen?

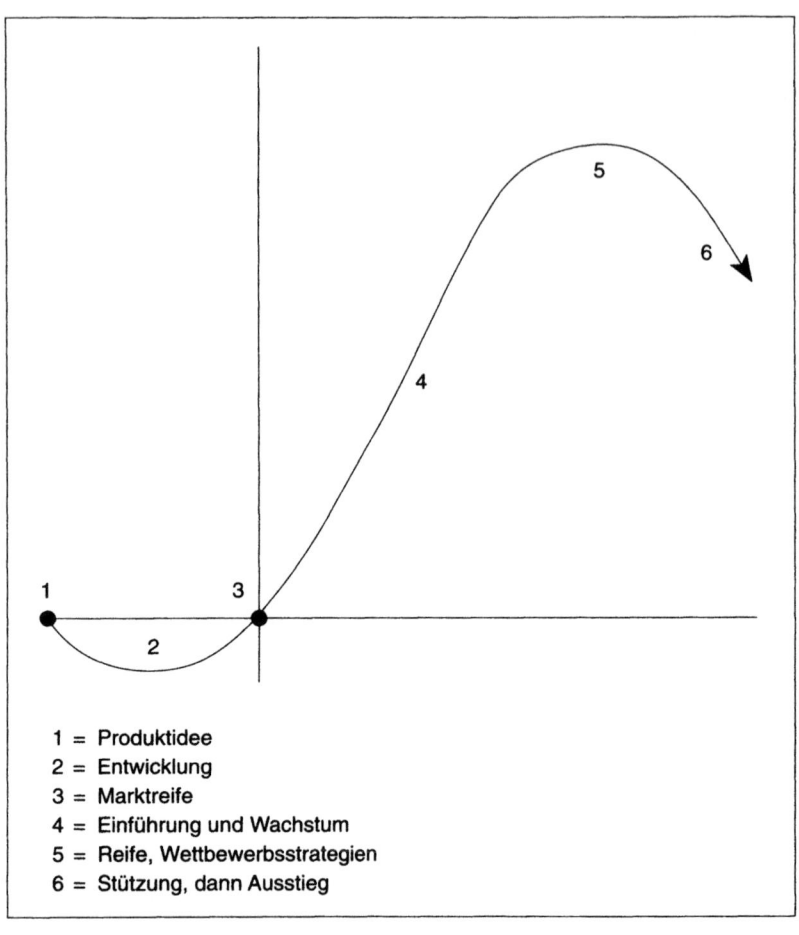

Abbildung 32: Die Lebenszyklus-Kurve von Produkten

Das Produkt-Portfolio
1 = Fohlen
2 = Rennpferd
3 = Arbeitspferd
4 = Klepper

Das zentrale Thema: Führen mit strategischen Geschäftseinheiten

Der Produkt-Lebenszyklus
1 = Produkt-Idee
2 = Entwicklung
3 = Marktreife
4 = Einführung und Wachstum
5 = Reife, Wettbewerbs-Strategien
6 = Stützungen, dann Ausstieg

Für die Freaks: Wir begegnen hier dem philosophischen Prinzip der „Sigmoiden-Kurve". Sigmoid ist griechisch und heißt – etwas einfach übersetzt – nichts weiter als „Darm". Dieses Prinzip beherrscht alles, was lebt:

Menschen und Tiere
1 = Zeugung
2 = Tragezeit
3 = Geburt
4 = Jugend und Wachstum
5 = Reife und Status
6 = Krankheit und Tod

Pflanzen
1 = Aussaat
2 = Keimen
3 = Sprießen und Giessen
4 = Wachsen und Pflegen
5 = Reifen und Ernten
6 = Verwelken und Absterben

Ganz offensichtlich gilt dieses Prinzip auch für Sachen und Vorgänge, z. B. für Produkte und Unternehmen?!

Mit einem Unterschied: Den Produkt-Lebenszyklus kann man verlängern mit einem gelungenen Relaunch, mit Variationen und Modifikationen des Grundproduktes. Die Strategie eines Unternehmens kann man beeinflussen mit der bewussten Förderung oder Zurücknahme von Ertragspotenzialen aus dem Angebot eines Unternehmens. Das kann man im Leben von Menschen und Pflanzen nicht!

Einer der ersten, der auf diese Zwangsläufigkeit hingewiesen hat, war der österreichische Nationalökonom Schumpeter. Er sprach von der „schöpferischen Zerstörung" und meinte damit, dass Unternehmer aufgerufen sind, immer wieder etwas Neues zu schaffen, wobei das Alte zerstört wird! Beispiele: Die Eisenbahn machte die Postkutsche überflüssig, Autos verdrängten Pferd und Wagen, Düsenjets machten Ozeandampfer überflüssig, E-Mail und Fax brachten den guten, alten Fernschreiber vom Markt.

Und das ist mein Anliegen: Dass Unternehmer, Manager und Führungskräfte diese Gesetzmäßigkeiten begreifen und auch akzeptieren. Und sehen, dass hier ein Ablauf vorgegeben ist, dem man sich stellen muss. Entweder, indem man sich vorbehaltlos anpasst und rechtzeitig für Korrekturen sorgt (zum Beispiel für neue Fohlen) oder indem man ganz bewusst und gezielt diesen Ablauf beeinflusst. Nur eines ist von Übel: Nichts zu tun!

7. Die strategischen Geschäftseinheiten

7.1 Wie strukturieren wir unser Unternehmen sinnvoll?

Dies ist der zweite wichtige Schritt im Rahmen unserer strategischen Überlegungen. Eine strategische Geschäftseinheit ist derjenige Unternehmensteil, der ein Ertragspotenzial bearbeitet. Individuell, mit durchaus unterschiedlichen Zielsetzungen und Strategien zu den anderen SG. Und der dafür alle Voraussetzungen in Form von Informationen, Plänen und Abrechnungen auf die Beine bringen und benutzen muss. Denn das ist eine der Grundregeln der Organisation, dass man demjenigen, der für ein Ziel verantwortlich ist, auch alle Instrumente, die zur Zielerreichung notwendig sind, zur Verfügung stellen muss.

Das ist einfach bei allen Konzernen, deren Töchter bestimmte Produkt-Marktfelder bearbeiten. Das ist immer noch einfach bei Großunternehmen, bei denen Sparten oder Divisions diese Aufgabe übernehmen können. Das wird schwieriger bei allen „normalen" Unternehmen, die nach Funktionen gegliedert sind. Wir können ja nicht einen Produktions-Betrieb einfach in Teile zerlegen oder eine Wand im Lager einziehen. Das muss schließlich nach betriebswirtschaftlichen Grundsätzen geführt werden. Und auch eine Verkaufs-Organisation kann man nicht in sechs Scheiben schneiden, weil wir sechs Ertragspotenziale gebildet haben und jetzt eigentlich sechs „Unternehmen im Unternehmen" brauchen.

Zu der normalen, funktionalen Organisations-Struktur tritt also ein neues Element. Und es liegen diejenigen nicht so ganz falsch, die sich hier ein überdimensionales Produkt-Management vorstellen. Das löst man am Besten wohl mit einer Matrix-Organisation (Abb. 33).

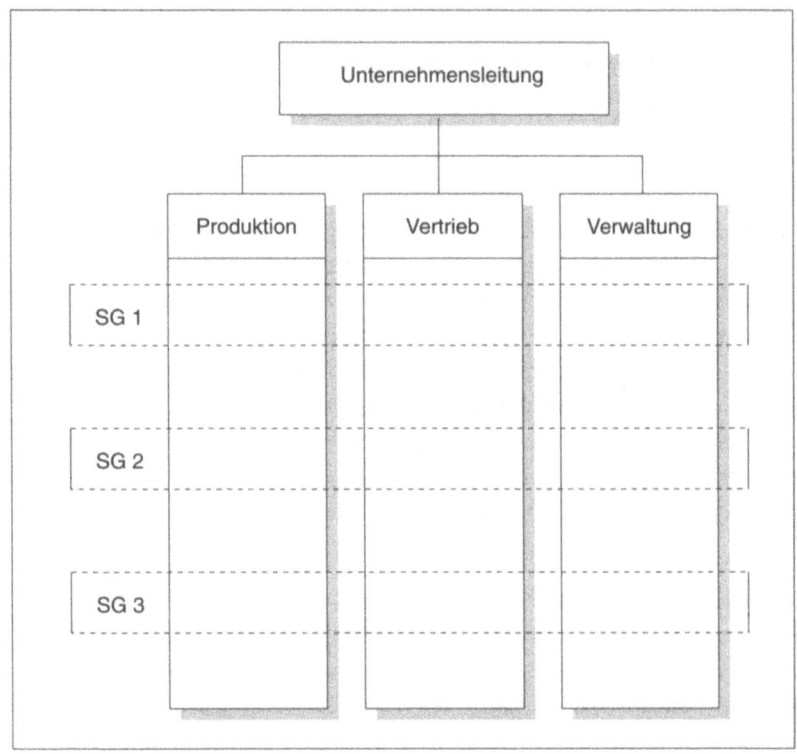

Abbildung 33: Strategische Geschäftseinheiten in einer Matrix-Organisation

Hier ist eine SG eine temporäre Führungs-Einheit, die in Abständen zusammentritt, Informationen auswertet, Entschlüsse fasst und Vorgehensweisen im Rahmen der Gesamtstrategie festlegt.

Für die Antwort auf die Frage, ob wir das alles richtig gemacht haben und eingeteilt haben, gibt es eine Hilfe. Sechs Prüffragen sind es, die wir an unsere neuen strategischen Geschäftseinheiten stellen (Abb. 34) und die Antworten helfen uns, Sicherheit zu gewinnen und die Verantwortung richtig zu verteilen.

1. Ist für jede SG ein eindeutiges Kundenproblem vorhanden?
2. Ist für jede SG ein eindeutig abgrenzbarer Markt vorhanden?
3. Lassen sich für jede SG eigenständige Ziele formulieren, die mit den Zielen in anderen SG nicht konkurrieren?
4. Lassen sich für jede SG eigene Strategien entwickeln, die unabhängig von den Strategien in anderen SG verwirklicht werden können?
5. Gibt es für jede SG eindeutige Wettbewerber?
6. Lässt sich jede SG ausbauen oder reduzieren, ohne andere SG dabei zu verändern?

Abbildung 34: Sechs Prüffragen an strategische Geschäftseinheiten

7.2 Welche Rechte und Pflichten liegen bei den SG?

Das ist ein kritisches Thema. Denn wir reden hier über Rechte, die eventuell neu sind im Unternehmen und die bisher entweder nur von der Unternehmensleitung wahrgenommen wurden oder von den Leitern der Funktionen im Unternehmen. Und wir erwarten andererseits die Erfüllung von Pflichten, die nur im Verein mit den Funktionsträgern erfüllt werden können. Wenn jetzt nicht ein kooperativer Umgang zwischen den Führungskräften im Unternehmen herrschendes Prinzip ist, kann die ganze Sache scheitern. Das ist keine Schwarzmalerei, sondern Erfahrung aus Berater-Projekten.

Die Leiter der SG haben auf jeden Fall die Pflicht, im Rahmen der Gesamtstrategie des Unternehmens zu handeln. Denn „selbständige Einheit" oder – wie ich es nenne – „Unternehmen im Unternehmen" heißt ja nicht, dass jeder tun und lassen kann, was er will. Dafür gibt es Grenzen:

> Zunächst die Leitidee und die Leitlinien, die das Verhalten des Unternehmens und seiner Verantwortlichen regeln;
>
> dann die unternehmenspolitischen Oberziele, zu deren Erfüllung jede SG ihren Beitrag leisten muss;
>
> und wenn es (s. dort) ein Prozedere gibt für das Gesamtpaket „Strategische Unternehmensplanung", sich an dieses Prozedere zu halten.

Darüber hinaus besteht ganz selbstverständlich die Pflicht, sich für die Erreichung der SG-spezifischen Ziele einzusetzen, die Umsetzung der SG-spezifischen Strategie zu gewährleisten und den SG-spezifischen Mitteleinsatz sicherzustellen.

Dazu brauchen sie das Recht, ihre individuellen Strategie-Überlegungen anderen gegenüber zu vertreten und ggf. auch durchzusetzen. Sie haben das Recht, die benötigten Informationen zu verlangen und zu bekommen.

In kooperativ geführten Unternehmen braucht man klare Regelungen nur für den Konfliktfall. Dann allerdings müssen sie eindeutig sein. In Unternehmen, die tief gestaffelt organisiert sind und bei denen Kompetenzregelungen immer noch eine dominierende Rolle spielen, sind eindeutige und klare Regelungen eher für den alltäglichen Gebrauch notwendig.

Dies muss ein kurzes Kapitel bleiben, denn Organisationen sind unternehmens-individuell. Bis auf ein paar Grundregeln. Deren wichtigste heißt hier: Regeln Sie die Schnittstellen sorgfältig!

7.3 Welche Informationen brauchen die Leiter der SG?

Wie sollen die Leiter unserer SG die richtige Zielsetzung vornehmen und die richtige Strategie festlegen? „Die beste Absicherung gegen das Planungsrisiko ist die Sammlung und Aufbereitung verlässlicher Informationen" (Professor Alewell, Giessen). Das ist wieder einfach bei Konzernen mit Tochter-Unternehmen. Und ebenso bei Großunternehmen, bei denen man es gewohnt ist, nach Sparten oder Divisions abzurechnen. Das wird schwieriger, wenn strategische Geschäftseinheiten unabhängig von bestehenden Funktionen gebildet werden. Dann muss eine Entscheidung getroffen werden: Lassen sich funktionale Einheiten ganz oder teilweise zuordnen oder nicht? Wenn das nicht der Fall ist, wenn also die Deckungsbeitragsrechnung neben den proportionalen Kosten keine zurechenbaren Kosten ausweisen kann, gilt als Minimal-Anforderung:

Umsatz pro SG

Absatz pro SG

Deckungsbeitrag I pro SG.

Wenn man dagegen funktionale Einheiten echt zuordnen kann (Produktions-Einheiten, Labor-Einheiten, Verwaltungs-Einheiten, Vertriebs-Einheiten) und zwar sauber und ohne Kompromisse, dann kann es weitergehen mit:

Umsatz pro SG

Absatz pro SG

Deckungsbeitrag I pro SG

Deckungsbeitrag II pro SG

Cash-flow oder Bereichsergebnis pro SG.

Man könnte im übertragenen Sinne sogar von „Gewinn" pro SG sprechen.

Das Finanz- und Rechnungswesen muss auf jeden Fall den erhöhten Anforderungen einer Differenzierung gerecht werden können. Und wenn es in kleineren Unternehmen bisher nur eine Kostenarten/Kostenstellen/Kostenträger-Rechnung gab, bedeutet das eine erhebliche Umstellung. Nicht nur in Bezug auf eine neue Software, sondern vor allem im geistigen Bereich! Das wären die innerbetrieblichen Informationen.

Dazu treten: Das Informations-Programm für eine Marktanalyse (s. Seite 35) sowie die SG-bezogenen Teile der Umweltanalyse (s. Seite 40). Was die SG-Leitung selbst veranlassen muss: Die SG-spezifische Stärken- und Schwächenanalyse (s. Seite 45) – eventuell auch die Aufstellung von Chancen und Gefahren, bezogen auf das Produkt oder das Angebot der SG.

7.4 Ziele, Strategien und Mitteleinsatz – der Weg der SG in die geplante Zukunft

Wir stoßen jetzt zum Kern der strategischen Planung vor. Das ist der dritte wichtige Schritt. Denn jetzt geht es darum, dass jede SG ihre individuelle Strategieaussage macht! Vor allem eine konkrete Zielsetzung formuliert, von der wir gelernt haben, dass sie definiert sein muss nach Inhalt, Menge und Zeit, damit sie eindeutig und kontrollfähig ist.

Ich habe eine – einfache – Aufstellung gemacht (Abb. 35), wie eine solche Zusammenstellung von Zielen und Strategien aussehen könnte. Sie sieht einfach aus und das ist gewollt! Denken Sie an die Forderung: Ziele müssen einfach und begreifbar sein! Die vielen Einzelheiten, die sich hinter diesen einfachen Aussagen verbergen, wollen wir getrost den Fachleuten auf der entsprechenden Ebene überlassen.

	Normstrategien	Ziele
• SG 1 im Fohlenfeld	Marktanteil deutlich vergrößern	• von heute 7 % auf 10 % in 3 Jahren • Das bedeutet: Umsatzsteigerung von heute 13 Mio. auf 20 Mio. in 3 Jahren • Break-even-Point soll 2003 erreicht sein
• SG 2 im Rennpferde-Feld	Marktposition ausbauen, mit dem Markt mitwachsen	• Umsatzsteigerung von heute 20 Mio. auf 25 Mio. in 3 Jahren • Umsatzrendite bei 8 % halten • Marktziele im 1. Rang
• SG 3 im Arbeitspferde-Feld	Marktposition halten	• Umsatzsteigerung 1 – 2 % p. a. • Steigerung der Umsatz-Rendite von 5 % auf 8 % in 3 Jahren • Gewinnziele im 1. Rang
• SG 4 im Klepperfeld	keine Investitionen in den Markt, wie bisher weiterarbeiten	• Umsatzsteigerung nicht zu erwarten, evtl. Rückgang in Kauf nehmen • ausgeglichenes Ergebnis anstreben

Abbildung 35: Individuelle Normstrategien und Ziele der SG (Beispiel)

Die Unternehmens-Leitung ist aufgerufen, festzustellen, ob die addierten SG-Ziele den unternehmenspolitischen Oberzielen entsprechen oder ob ein Ausgleich geschaffen werden muss.

Dabei möchte ich dringend vor dem am häufigsten zu beobachtenden Planungsfehler warnen: Unternehmen sind es gewohnt, eine ausgeglichene Planung vorzulegen. Die Finanzer wollen das so. Wenn das nicht beim ersten Anlauf hinhaut, wird hier ein bisschen geschoben und da ein bisschen draufgelegt und dann kann man das fertige Ergebnis getrost präsentieren. Damit planen wir den späteren Misserfolg schon am Schreibtisch! Woher soll der Verkaufsleiter den zusätzlichen Umsatz hernehmen? Mit Zugeständnissen an die Kunden? Dann stimmen am Schluss die Planzahlen auf der Einnahmen-Seite nicht mehr. Woher sollen die zusätzlichen Einsparungen kommen? Aus den Voraussetzungen, die die SG brauchen, um ihre Ziele zu erfüllen? Dann erreichen sie ihre Verkaufszahlen nicht mehr! Besser ist es, ggf. Ziele zu korrigieren und etwas weniger Ehrgeiz zu entwickeln. Und auf den Leiter des Finanz- und Rechnungswesens zu hören, der drei Fragen beantworten muss:

Wie viel *wollen* wir erreichen?

Wie viel *müssen* wir erreichen?

Wie viel *können* wir erreichen?

Wenn hier keine Balance besteht zwischen Wünschen und Möglichkeiten, entsteht, projiziert auf das Ende des Planungshorizontes, eine strategische Lücke, die demotivierend wirkt, anstelle eines Erfolges, der zu neuen Erfolgen anreizt. Und genau diese Strategische Lücke wollen wir doch mit vorausschauender Planung vermeiden!

Was passiert, wenn die Frage: Wie viel müssen wir erreichen? hochgerechnet aus Umsätzen, Kosten, Investitionen, Kosten-Steigerungen etc. einen Wert ergibt, den wir so nicht erreichen können, sodass dann letzten Endes doch eine strategische Lücke entstehen wird? Dann erleben wir einen der großen Vorteile einer strategischen Unternehmensplanung, nämlich: Wir erfahren schon heute, dass es so eine Lücke in fünf Jahren geben wird, und wir können uns schon heute darauf einrichten. Mit neuen Produkten? Mit neuen Märkten? Mit dem Abbau von Kosten (Abb. 36)? Zukunftsorientierung – Existenzsicherung – dies ist wieder eine der Stellen in unserer langfristigen Vorschau, an der das sichtbar wird.

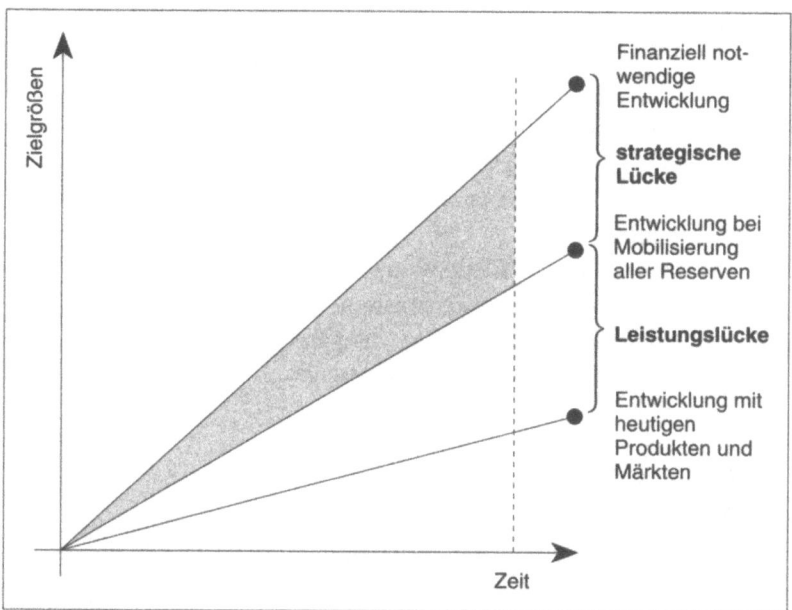

Abbildung 36: Die „strategische Lücke"

Es bleibt der Begriff „Mitteleinsatz" zu klären. Wir verstehen darunter die Antwort auf die Frage der SG-Leiter, mit welchen Mitteln sie rechnen können, um ihre Ziele zu erfüllen und ihre Strategien umzusetzen. Vice versa: Welche Mittel sie beantragen müssen, um ihre Ziele zu erreichen und ihre Strategien auch anwenden zu können.

Hier liegt wieder eine psychologische Hürde verborgen. Unternehmer, Vorstände und Manager nehmen von ihren Führungskräften furchtbar gerne ehrgeizige Ziele und überzeugende Strategien entgegen. Wenn es aber darum geht, auch die entsprechenden Mittel zu bewilligen, sind sie gar nicht mehr so großzügig. Wenn jetzt der SG-Leiter nicht Rückgrat beweist und den Zusammenhang zwischen Zielen und Voraussetzungen deutlich macht, ist er schon in einer schlechten Position.

Worum geht es beim Mitteleinsatz:

1. Investitionen

    Welche Investitionen in Maschinen, Anlagen etc. müssen getätigt werden?
    Welche Produktentwicklungen sind einzuleiten und voranzutreiben?
    Welche Verstärkungen im Vertrieb oder anderen Abteilungen müssen vorgenommen werden?
    Welche EDV-Programme, welche personellen Verstärkungen müssen angeschafft werden?
    u.a.m.

2. Einmal-Kosten

    Gibt es einmalige Marktuntersuchungen, Feasibility-Studien, oder Image-Kampagnen, die finanziert werden müssen?
    Müssen wir eine neue Software einführen und trainieren?
    Ist eine temporäre Beraterhilfe für ein besonderes Problem angebracht?
    u.a.m.

3. Welche Kostenerhöhungen wird es geben

    Personal?
    Organisation?
    Marketing?
    u.a.m.

Immer wieder läuft es auf die Beantwortung einfachster Fragen hinaus: Wie viel wollen wir erreichen? Wie wollen wir das erreichen? Was brauchen wir dazu?

7.5 Vom Ist-Portfolio zum Soll-Portfolio

Wie sieht denn wohl unser Portfolio aus, wenn alle Ziele erreicht sind und alle Strategien wirklich gegriffen haben? Wo liegt die Verbesserung gegenüber dem heutigen Bild? Aus dem Ist-Portfolio (s. Seite 101) soll also ein Soll-Portfolio werden. Es soll bildhaft die „wünschenswerte Zukunft" des Unternehmens darstellen. Auch dafür gibt es einen nachvollziehbaren Ablauf, etwa so:

1. Zunächst müssen wir die „Marktattraktivität" noch einmal bewerten. Wird sie steigen? Warum? Wird sie fallen? Je nach Bewertung wird der Punkt auf der Skala weiter nach oben oder weiter nach unten rücken.

2. Dann müssen wir die „Marktposition" neu bewerten. Wird die Position der SG besser sein als heute oder schlechter? Je nach Bewertung wird der Punkt auf der Skala weiter nach vorn oder weiter nach hinten rücken.

3. Wie wird sich der Umsatz der jeweiligen SG verändern? Wird der Kreis größer oder kleiner?

4. Wo unterstellen wir Veränderungen bei der „Marktattraktivität"? Diese Einzelpunkte muss die Marktforschung besonders sorgfältig beobachten, um festzustellen, ob die Annahmen zutreffen.

5. Wo unterstellen wir Veränderungen bei der „Marktposition"? Diese Einzelpunkte müssen die Leiter der SG ebenso sorgfältig im Auge behalten und ggf. eingreifen, wenn ihre Vorstellungen nicht erfüllt werden.

So entsteht ein neues Bild (Abb. 37): Das Soll-Portfolio. Und dann beginnt die Diskussion:

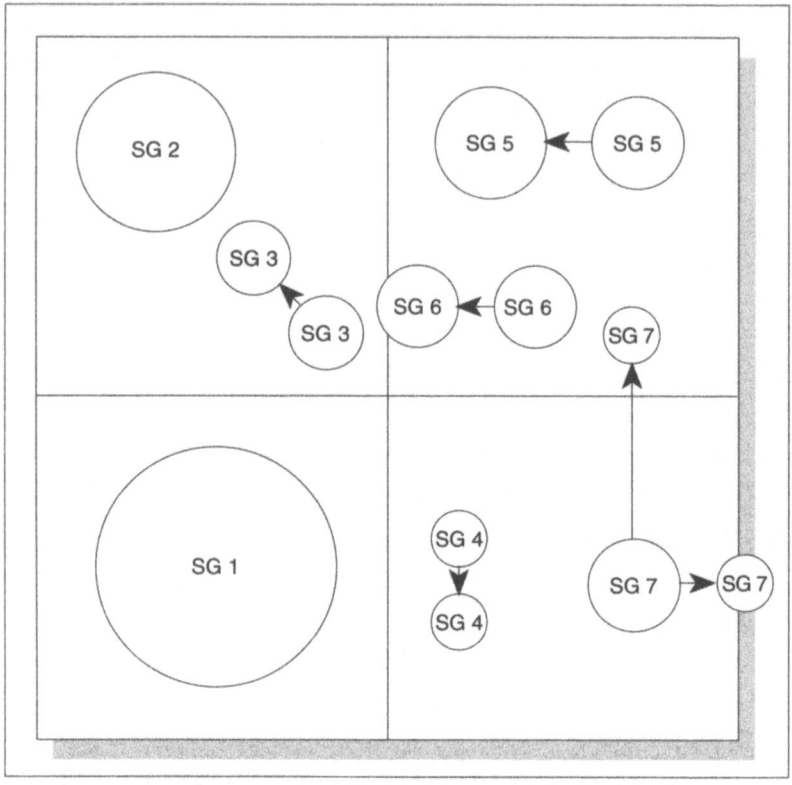

Abbildung 37: Das mögliche Soll-Portfolio eines Unternehmens

Ist das wirklich die „wünschenswerte Zukunft" unseres Unternehmens?

Haben wir ein ausgeglichenes Portfolio?

Meine kurze Beurteilung:

Die SG 1 hält weiterhin die Stellung und verdient gutes Geld.

Die SG 2 kann ihre Pole-Position nicht mehr verbessern, aber ausweiten.

Die SG 3 folgt einerseits der steigenden Marktattraktivität und verbessert außerdem ihre Position.

Die SG 5 und SG 6 greifen an und verbessern ihre Position sehr deutlich.

Die SG 7 wird geteilt, ein Teil tritt neu auf, ein anderer kann auslaufen.

Desgleichen die SG 4. Bei fallender Markt-Attraktivität machen wir damit weiter, solange es geht und noch sinnvoll erscheint.

Das hier ist ein Beispiel. Die Realität ist komplizierter. Aber hier geht es darum, den Weg aufzuzeigen. Und es ist ein Bild, noch keine strategische Unternehmensplanung. Dazu gehört – wir haben es erlebt – noch sehr viel mehr! Auch in der Umsetzung.

Meine Empfehlung als Berater: Auf jeden Fall ein Soll-Portfolio zu zeichnen. Das hat einen besonderen Grund: Immer wieder ist die Überraschung groß, wenn zwischen Ist-Portfolio und Soll-Portfolio kein allzu großer Unterschied feststellbar ist! Nun haben wir uns doch soviel vorgenommen! Und wir planen soviel Zuwachs mit soviel Anstrengungen! Und nun ist das Bild gar nicht so sehr verändert! Dann muss man sich klarmachen, dass – mit wenigen Ausnahmen – sich die Märkte nicht so sehr stark verändern, vor allem die „alten" und eingefahrenen Märkte. Meist wird sich die Marktattraktivität nicht sehr stark verbessern, im Gegenteil: Häufig verlieren gerade diese Märkte – wenn man ehrlich ist – an Attraktivität. Und die Marktposition? Wir werden unseren Marktanteil um ein oder zwei Punkte erhöhen. Aber deshalb werden die Konkurrenten nicht schlafen, sondern auch Anstrengungen unternehmen, dabeizubleiben und sich nicht abhängen zu lassen. Und was ist mit neuen Konkurrenten aus anderen Ländern? Wenn die in unseren Markt einbrechen, dann kann sich die Marktposition unserer SG – relativ – nur verschlechtern!

Ich diskutiere mit meinen Kunden weit intensiver die Frage, ob ein ausgeglichenes Portfolio zu erkennen ist. Denn im Hinblick auf die Zukunftssicherung des Unternehmens ist das ein weit wichtigeres Kriterium als die Verbesserung der Marktposition um ein oder zwei Punkte. Auch das ist ein Grund dafür, dass Unternehmen heute andere Unternehmen aufkaufen, übernehmen oder zumindest eine strategische Allianz eingehen: Weil man auf diese Weise schlagartig eine bessere Marktposition erreichen kann.

Wer das nicht kann, muss kämpfen oder ganz bewusst und gezielt einen neuen Auftritt anstreben. Neue Produkte? Neue Märkte? Neue Vertriebswege? Wie sieht das Fohlenfeld in Ihrem Soll-Portfolio aus?

8. Wie kann ein Unternehmen wachsen?

8.1 Das Ansoff-Schema als Orientierungshilfe

Jetzt brauchen wir wieder ein Break. Und zwar um eine Hilfe im Strategischen Denken vorzustellen und zu erklären: Das Ansoff-Schema (Abb. 38). Es ist benannt nach Professor Ansoff, FU Berlin, der es erstmalig vorstellte und seine Brauchbarkeit in vielen Vorlesungen bewies.

Es geht von der einfachen Überlegung aus, dass Wachstum für ein Unternehmen nur aus den Feldern Produkt und/oder Markt kommen kann oder aus einer Kombination von beiden. Hier haben wir wieder das schon oft genannte Produkt-Marktfeld. Diesmal aus einer ganz anderen Perspektive.

> Im Feld 1 bewegt sich das Unternehmen mit bekannten Produkten in bekannten Märkten. Hier kann es also nur um die *verstärkte Marktdurchdringung* gehen. Das geht vor allem dann, wenn das Unternehmen über genügend Marketing-Power verfügt, um Konkurrenten Marktanteile wegzunehmen.
>
> Im Feld 2 geht es um neue Produkte in bekannten Märkten. Auch Produkt-Modifikationen und Produkt-Variationen sind mit gemeint. Das heißt: Das Unternehmen setzt sehr stark auf *Produktentwicklung*. Vielleicht ist man führend in der Innovation von neuen Ideen?
>
> Im Feld 3 bleibt man bei den bekannten Produkten und versucht damit, neue Märkte zu erobern. Das Stichwort heißt: *Markterweiterung*. Ist das Unternehmen stark im Vertrieb? Ist man in der Lage, schnell eine Struktur aufzubauen, z. B. Filialen, Vertretungen etc.?

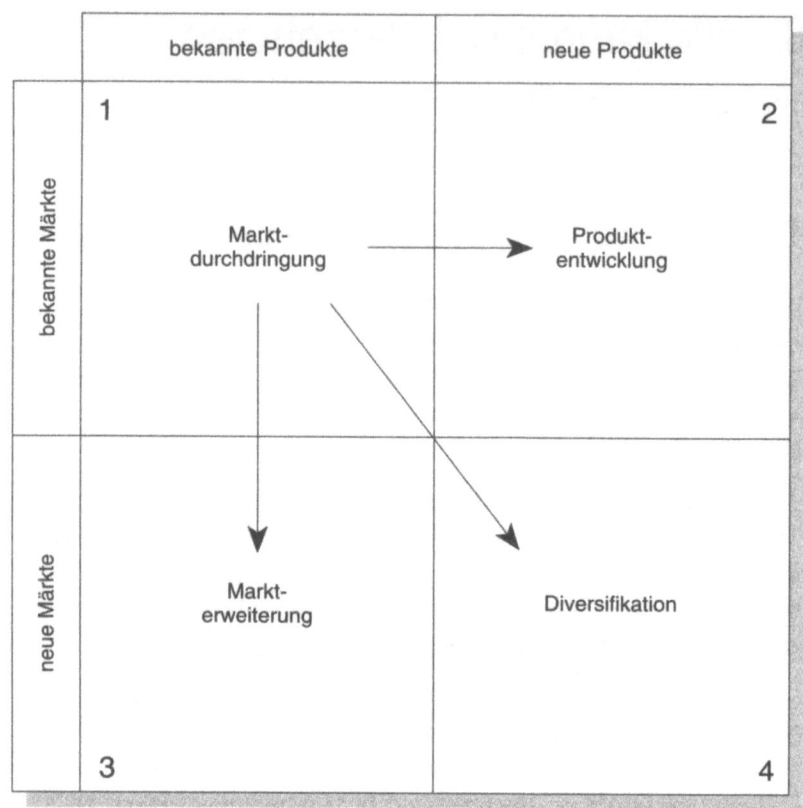

Abbildung 38: Das Ansoff-Schema

Im Feld 4 treffen wir die Entscheidung für neue Produkte in neuen Märkten. Das ist die *Diversifikation*. Und nur das ist die echte Diversifikation! Eine schwerwiegende Entscheidung mit hohem Risiko, wie man an einigen spektakulären Fällen sehen konnte, zu Zeiten, als man Misch-Konzerne zum Zwecke des Risiko-Ausgleichs zusammenbastelte, um sich nach vielen Fehlschlägen wieder auf die sogenannten „Kernkompetenzen" zu besinnen. Solche Moden wechseln. Übrig bleibt, dass der zweifache Schritt auf neues Terrain mit einem neuen Produkt ohne

Abstützung auf bekannte Märkte oder bekannte Produkte mit besonderer Sorgfalt geplant werden sollte.

Vier Möglichkeiten bietet das Ansoff-Schema zur Auswahl an. Wieder entdecken wir eine Stelle im Planungsprozess, bei der es um Alternativen geht, die diskutiert und berechnet werden sollten. Welche der vier möglichen Strategien ist die richtige?

Was sagt dazu unsere Stärken- und Schwächenanalyse? Sind wir stark in der Entwicklung von neuen Produkten? Sind wir in einer Branche tätig, in der ständige Neuentwicklungen einen wesentlichen Teil des Unternehmenserfolges ausmachen? Populäre Beispiele: Mode und Autos. Wenn die Stärken- und Schwächenanalyse hier eine Schwäche diagnostiziert, könnte das tödlich sein. Und die Beseitigung dieser Schwäche bekäme temporär Oberziel-Charakter mit einem hohen Rang.

Was sagt die Analyse über unseren Vertrieb und das Marketing? Sind wir in einer Branche tätig, in der dies zu den absoluten Voraussetzungen für den Unternehmenserfolg gehört? Beispiel: Lebensmittel. Wie hoch ist unser Bekanntheitsgrad? Und der unserer Produkte? Können wir mit dieser Streitmacht in neue Märkte aufbrechen?

Wie entscheiden die Leiter unserer SG? Denn die genannten Überlegungen über den richtigen Kurs müssen ja nicht nur für das ganze Unternehmen gelten. Es ist durchaus an der Tagesordnung, dass die eine SG sich für die verstärkte Produkt-Entwicklung entscheidet und die andere SG auf die Markterweiterung setzt. Hannibal in Reinkultur!

Entscheidungen über Schritte zur Diversifikation liegen wohl eher in der Unternehmensleitung. Hier spielen ganz andere Kriterien eine Rolle: Der Ausgleich im Portfolio zum Beispiel oder ein gewisser Risikoausgleich durch die Besetzung neuer Produkt-Marktfelder. Können wir das überhaupt? Auf das Kapitel über die notwendigen Voraussetzungen soll schon hier hingewiesen werden.

8.2 Die Möglichkeiten für expansives Wachstum

Das Ansoff-Schema ist eine hervorragende Unterlage für Diskussionen über die zukünftigen Kurse für eine geplante Expansion. Es hilft, die Gedanken zu ordnen und zeigt mit großer Einfachheit und ebenso großer Eindringlichkeit die grundsätzlichen Wege auf. Was könnte sich hinter den vier einfachen Begriffen verbergen:

Marktdurchdringung

    Leistungsstrategien = mehr bieten

    Preisstrategien = billiger sein

    Vertriebsstrategien = neue Zugangswege öffnen

    Kauf von Firmen oder Kooperationen

    Investitionen in das Anlage-Vermögen (z. B. Lager oder EDV) oder in das Umlaufvermögen (z. B. Bestände oder Forderungen)

Produktinnovationen

    selbst entwickeln, selbst produzieren

    zukaufen, handeln, vermitteln

    Investitionen in neue Verfahren, in neue Produktions-Anlagen, in das Umlaufvermögen

Markterweiterung

    Kauf von Firmen oder Kooperationen

    Verdrängung = Preisstrategie oder Leistungsstrategie

    Investitionen in den Markt (Werbung, Außendienst) oder in Anlagen (Filialen, Transportmittel) oder in das Umlaufvermögen.

Diversifikation

Kauf von Firmen oder Kooperationen. Gründung neuer Sparten oder Divisions

Investitionen in Anlagen (Gebäude, Maschinen) oder in den Markt (Vertrieb, Werbung, Information) oder in das Umlaufvermögen oder in Know-how (Produkte und Märkte)

V. Der Übergang in die operative Planung

Eine Strategie
zeigt ihren Wert
in der Anwendung

Helmuth von Moltke

9. Wie gehen wir am Markt erfolgreich vor?

9.1 Marktstrategien auf der Belétage

An dieser Stelle scheiden sich die Geister. Die Puristen unter den Strategieplanern machen auf der unternehmens-strategischen Ebene Schluss und sagen: Der Rest ist Sache der Funktionsträger. Da ist was dran. Auch Admiral Nelson würde keinem seiner Kapitäne vorschreiben, wie er seine Segel zu setzen habe. Den Kurs allerdings würde er schon vorgeben! Die andere Gruppe, zu der ich auch zähle, hält es mit Helmuth von Moltke, dessen Ausspruch darauf schließen lässt, dass sich der große Stratege auch um die richtige Umsetzung seiner Strategien kümmerte. Sicher nicht um alle Einzelheiten, aber doch um die richtige Vorgehensweise.

Parallelen dazu finden sich in der Strategie-Beratung. Große Beraterfirmen setzen häufig rein auf die deduktiven Komponenten, also Beratung von außen mit hervorragenden und bewährten Konzepten auf der sachlichen Ebene. Andere, vor allem die Einzelberater, stehen eher auf der human-sozialen Ebene, wollen den Menschen im Unternehmen helfen und bevorzugen die induktive Komponente. Das Ergebnis ist manchmal nicht so toll, aber es ist gemeinsam erarbeitet worden und hat deshalb eine hohe Akzeptanz.

Natürlich gibt es den Mittelweg, wie bei Nelson und Moltke. Auch ich möchte den Werbe-Fachleuten nicht sagen, wie ihre Anzeige gestaltet sein sollte oder wie der neue Prospekt auszusehen habe oder wie der Verkaufsleiter seine Mitarbeiter wohl motiviert. Aber ich möchte die SG-Leiter dazu anregen, sich im Vorfeld Gedanken zu machen über ihr Vorgehen am Markt. Wie sollen denn ihre so optimistisch formulierten Ziele erreicht werden? Mit welcher Produktpolitik? Mit welcher Verkaufsförderung? Auf dieser Ebene kann man sehr wohl noch von „Strategie" reden, in diesem Falle von „Marktstrategie".

Das ist eine hochqualifizierte Aufgabe, die Fantasie und Mut erfordert. Wenn ein militärischer Führer eine Strategie entwickelt, dann wird er

sich vergewissern, welche Truppenteile = Elemente er zur Verfügung hat;

sich überlegen, welche Wirkungen die einzelnen Elemente erzielen können;

sich vorstellen, wie die einzelnen Elemente und ihre Wirkungen zu einem Wirkbündel zusammengeführt werden können. Das Ganze soll mehr sein als die Summe der Teile!

Der gleiche Einstieg liegt der bewussten und systematischen Planung der Marktbearbeitung mit den Elementen der Marktstrategie zugrunde. Auch die Aufgabe der SG-Leiter beginnt mit den gleichen Fragen:

Welche Elemente können wir überhaupt einsetzen? (Das sind bei einer Versicherungs-Gesellschaft andere als bei einem Backwaren-Hersteller.)

Welche Wirkungen haben die einzelnen Elemente? (Das sind bei der Werbung andere als bei der Preispolitik.)

Wie können wir die einzelnen Wirkungen zu einem optimalen Wirkbündel zusammenführen und koordinieren? (Das Ganze soll auch hier mehr sein als die Summe der Teile.)

Um dann kreativ und noch weitab von Computer-Programmen oder dem sattsam bekannten „Das haben wir schon immer so gemacht!" ihre Marktstrategie vorzugeben. Dann erst sind die Fachleute auf der operativen Ebene am Zuge.

9.2 Die zwölf Strategie-Elemente der Hersteller

Die Liste der Strategieelemente der Produzenten (Abb. 39) beginnt konsequenterweise mit der Produktpolitik, der Sortimentspolitik und dem Service. Das heißt: Welche Leistungen bieten wir an? Dann folgen Preispolitik und Konditionenpolitik mit der Frage: Welches Entgelt erwarten wir dafür? Werbung und Verkaufsförderung sollen aussagen: Wie erfahren unsere Kunden, was wir ihnen bieten? Last but not least: Vertriebswege, Verkaufsorganisation, Kundenpolitik, Lager- und Lieferpolitik mit der Organisationsfrage: Wo und wie sollen unsere Kunden unsere Leistungen erhalten?

---

1. Produktpolitik
2. Sortimentspolitik
3. Servicepolitik
4. Preispolitik
5. Konditionenpolitik
6. Werbekonzeption
7. Verkaufförderungskonzeption
8. Kundenpolitik
9. Vertriebswegepolitik
10. Lieferpolitik
11. Lagerpolitik

Strategie: Die Kombination, Koordination und Bestimmung der Intensität im Einsatz der absatzpolitischen Instrumente

---

Abbildung 39: Die zwölf Strategie-Elemente der Hersteller

9.3 Die zehn Strategie-Elemente des Handels

Anders bei der Marktstrategie des Handels (Abb. 40). Hier ist die erste Frage: Für wen halten wir denn ein entsprechendes Sortiment in einem bestimmten Betriebstyp bereit? Wie präsentieren wir unsere Ware (unabhängig davon, ob im Ladengeschäft oder im Internet)? Wer sorgt dafür, dass sich unsere Kunden wohlfühlen und wiederkommen, und was kostet das alles?

1. Standortpolitik
2. Betriebstypenpolitik
3. Zielgruppenpolitik
4. Sortimentspolitik
5. Präsentation
6. Werbung
7. Verkaufsförderung
8. Personalpolitik
9. Kundendienst
10. Preispolitik
Strategie: Die Kombination, Koordination und Bestimmung der Intensität im Einsatz der absatzpolitischen Instrumente

Abbildung 40: Die zehn Strategie-Elemente des Handels

9.4 Die zehn Strategie-Elemente der Dienstleister

Dienstleister sollen Probleme lösen. Das wird häufig vergessen. Man bietet eine Leistung an und sagt dem Markt, dass man sie kaufen soll, aber nicht warum. Deshalb beginnt die Liste der Elemente der Marktstrategie der Dienstleister mit der Frage: Für welche Kunden mit welchen Problemen ist denn unsere Leistung gedacht? Und wie sieht unser konkretes Problemlösungsangebot aus? Mit welchem speziellen Service wird es aufgewertet? Wie bringen wir diese Leistung in den Markt? Und welches Entgelt erwarten wir dafür? (Abb. 41)

1. Zielgruppe und Zielgruppenproblem
2. Konkretes Problemlösungsangebot
3. Breite und Tiefe des Angebotes
4. Zusätzlicher Service um das Angebot
5. Präsentation von Firma und Angebot
6. Werbung und Verkaufsförderung
7. Verkaufsorganisation und Verkaufspersonal
8. Personalpolitik im Servicebereich
9. Standortpolitik und Vertriebswege
10. Preispolitik und Konditionen

Strategie: Die Kombination, Koordination und Bestimmung der Intensität im Einsatz der absatzpolitischen Instrumente

Abbildung 41: Die zehn Strategie-Elemente der Dienstleister

9.5 Die Matrix der Handlungsalternativen

Bisher sind die drei Listen der Elemente der Marktstrategie nur Listen. Wir müssen sie also zum Leben erwecken. Das erfordert einen eigenen Abschnitt, da wir hier zum dritten Male – und besonders intensiv – auf die Forderung stoßen, Alternativen zu diskutieren und zu bewerten. Was ist richtig: Wir können eine selektive Produktpolitik betreiben oder weitere Modifikationen und Variationen anbieten. Was ist richtig: Wir können ein breites oder ein tiefes Sortiment anbieten. Was ist richtig: Wir können ein Zentrallager einrichten oder mehrere Außenlager. So können wir immer weiter fragen. Und auch hier darf nicht gelten „Das haben wir schon immer so gemacht!", sondern nur die sachliche Diskussion und die vorurteilsfreie Bewertung. Dazu brauchen wir ein Hilfsmittel.

Ich nehme die Liste der zwölf Strategie-Elemente der Hersteller als Beispiel. Wenn es gelingt, zu jedem der zwölf Elemente nur vier denkbare Alternativen aufzulisten (breites oder tiefes Sortiment etc.), dann ist die Zahl der möglichen Kombinationen 4^{12}, das sind 16,7 Millionen denkbare Strategien. Natürlich fallen davon eine ganze Menge schon weg, weil sie in sich widersprüchlich sind. Beispiel: Der beste, kostenlose Service der Branche und eine betonte Niedrigpreispolitik. Aber es bleiben genügend Möglichkeiten offen um sich immer wieder zu fragen: Was ist richtig?

Zwei Regeln gibt es, um diese Unsicherheit einzugrenzen:

1. Die von uns schließlich entwickelte Strategie muss in sich stimmig sein und von Mitarbeitern und Kunden klar erkannt werden können.

2. Die schließlich ausgewählte Alternative muss am ehesten in der Lage sein, unsere Ziele zu erfüllen.

Ein SG-Leiter, der seine Kollegen zu einer Strategie-Diskussion eingeladen hat, führt seine Gruppe in zehn Schritten zur „Optimalen Strategie". Gehen Sie mit?

Wir bauen gemeinsam die „Matrix der Handlungsalternativen" auf (Abb. 42):

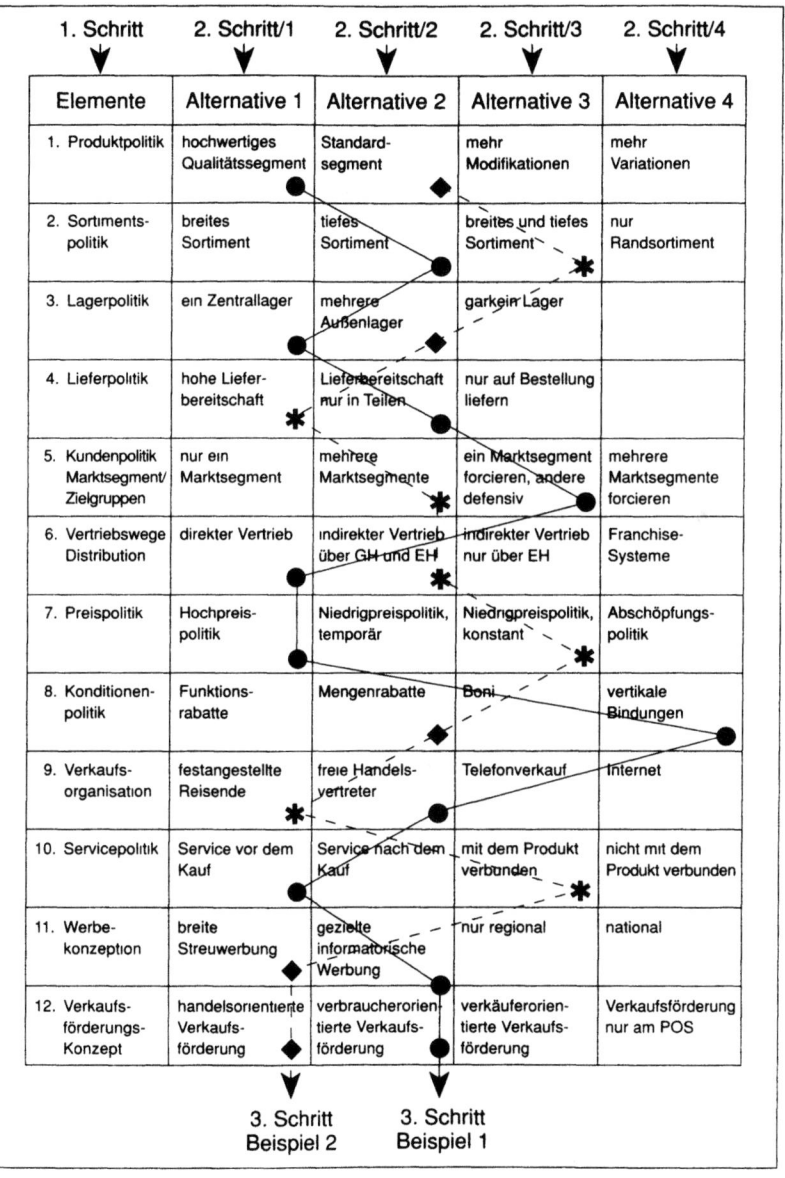

Abbildung 42: Die Matrix der Handlungsalternativen

Wie gehen wir am Markt erfolgreich vor?

1. Welche Elemente der Marktstrategie können wir in unserem Unternehmen überhaupt einsetzen? Ich habe in meinem Beispiel alle zwölf hergenommen. Aber eine Versicherung braucht wohl keine Liefer- und Lagerpolitik und ein Internet-Anbieter keine Verkaufsmannschaft. Das erste ist also die Aufzählung unserer verfügbaren Truppenteile.
2. Jetzt ist Kreativität gefragt: Wie könnten wir denn vorgehen? Welche Alternativen gibt es überhaupt? Der Leiter dieser Gruppe darf jetzt keinen Beitrag kritisieren oder abwürgen, sondern er muss vor allem darauf achten, dass sich alle beteiligen und dass keine Wortmeldung einfach unter den Tisch fällt. Auf diese Weise entsteht das Grundgerüst unserer „Matrix der Handlungsalternativen".
3. Jetzt haben wir genügend Spielmaterial beieinander. Aber nicht nur in den Köpfen der Beteiligten, sondern schriftlich festgehalten und geordnet als gemeinsame Diskussionsgrundlage. Das ist ein wichtiges Kriterium bei dieser Art des Vorgehens. Jetzt sind die fantasievollen Kombinierer dran: Wie können wir aus den möglichen Handlungsalternativen sinnvolle, also in sich stimmige, Marktstrategien formen? Verfolgen Sie einmal meine beiden Beispiele: Jedes ist in sich sinnvoll und umsetzbar und ohne Widersprüche. Dass diese Aufgabe in der Praxis anspruchsvoller ist, leuchtet wohl ein.
4. Jetzt müssen wir uns fragen: Welche der von uns vorgeschlagenen vier oder fünf oder gar sechs Strategie-Alternativen ist wohl die optimale? Zunächst gehen wir ganz einfach an diese Aufgabe heran und fragen: Können wir das überhaupt?

   Finanzierung: Können wir diese Strategie-Alternative mit den uns zur Verfügung stehenden Mitteln überhaupt bezahlen?

   Machbarkeit: Können wir diese Strategie-Alternative überhaupt organisatorisch bewältigen?

Zeitfaktor: Ist diese Strategie-Alternative in einer überschaubaren Zeit realisierbar?

Marktwiderstand: Was sagen unsere Einzelhändler (oder andere Marktpartner), wie reagiert wohl die Konkurrenz?

Nach aller Erfahrung fallen bei dieser Diskussion schon einige Strategie-Alternativen aus.

5. Meine Aussage hieß: Strategien definieren sich durch die Ziele, die mit ihrer Hilfe erreicht werden sollen. Sie stehen niemals alleine im Raum. Wir müssen uns also fragen: Wie gut werden die von uns entwickelten Strategie-Alternativen wohl unsere Ziele erfüllen? Als Diskussions-Gerüst dient uns die Bewertungstabelle (Abb. 43). Wir listen unsere Ziele auf und fragen dann zeilenweise: Wie gut werden die Strategie-Alternativen eins, zwei oder drei wohl diese Ziele erfüllen? Eine Bewertungs-Skala machen wir uns selbst von 10 = sehr gut bis 1 = überhaupt nicht.

	6. Schritt	5. Schritt	7. Schritt	5. Schritt	7. Schritt	5. Schritt	7. Schritt
Ziele	Gewichtung	Alternative 1		Alternative 2		Alternative 3	
		Bew.	xGew.	Bew.	xGew.	Bew.	xGew.
Absatzziele	8	8	64	5	40	7	56
Umsatzziele	7	8	56	6	42	6	42
Marktanteilsziele	10	8	80	6	60	6	60
Distributionsziele	10	8	80	6	60	7	70
DB-Ziele	5	5	25	10	50	7	35
Kostenziele	5	5	25	9	45	7	35
			330		297		298
			8. Schritt		8. Schritt		8. Schritt

Abbildung 43: Die Bewertung von Strategie-Alternativen

6. Jetzt kommt die Rückkopplung zu den unternehmenspolitischen Oberzielen. Was wurde dort vorgegeben? Expansion oder Konsolidierung? Danach richtet sich die Gewichtung unserer Ziele im sechsten Schritt. Das Beispiel-Unternehmen ist ganz offensichtlich in einer Expansions-Phase, denn auch wir haben unsere SG-spezifischen Marktanteilsziele und Distributionsziele mit 10 gewichtet. Die Gewinnziele (selbstverständlich vorhanden!) stehen im Unternehmen in diesem Jahr wohl im zweiten Rang?

7. Durch die Multiplikation unserer Bewertung mit der Gewichtung beziehen wir die Unternehmenspolitik in unsere Rechenarbeit ein.

8. Wenn wir jetzt zusammenaddieren, ergibt sich in der Mehrzahl der Fälle eine besonders hohe Summe für eine der Alternativen. Wir können jetzt sagen: Nach sorgfältiger Arbeit und ebenso sorgfältiger Bewertung sind wir sicher: Das ist die optimale Marktstrategie, mit der wir am ehesten unsere Ziele erreichen werden. Die niedrig bewerteten Alternativen scheiden aus.

Nun kann es passieren, dass zwei Bewertungen eng beieinander liegen. Dann muss man fragen: Wo erhielt die eine die hohen Werte und wo die andere? Kann man nicht beide Alternativen miteinander kombinieren?

9. Die auf diese Weise gefundene optimale Marktstrategie für unsere SG wird ausführlich und verständlich beschrieben.

10. Ein letzter Schritt bleibt noch zu tun, nämlich der Abgleich zwischen den SG. Denn das wollen wir nie vergessen: Bei aller Selbständigkeit der „Unternehmen im Unternehmen" stehen doch alle im Rahmen der gewählten, beschlossenen und verabschiedeten Unternehmensstrategie!

Die SG-Leiter stellen – vielleicht auf einer gemeinsamen Sitzung – ihre Marktstrategien vor. Und das Plenum diskutiert:

Sind irgendwo Zielkonflikte zu entdecken?

Gibt es mögliche Synergie-Effekte?

Corporate Advertising, Cross-Selling oder auch nur gemeinsame Standortpolitik sind einige Stichworte.

Niemand kann garantieren, dass die auf diese Weise gefundenen Marktstrategien wirklich die beste aller denkbaren Möglichkeiten darstellt. Aber wir haben die zu Anfang erhobenen Forderungen erfüllt:

1. Die Strategien sind in sich stimmig.
2. Sie werden unsere SG-spezifischen Ziele optimal erfüllen.

Für die Freaks: Wir folgen mit unserer „Matrix der Handlungsalternativen" der Kreativtechnik der „Morphologie". Das bedeutet: Aus der Summe der Teillösungen die optimale Gesamtlösung entwickeln. Hilfsmittel dazu ist der sogenannte „morphologische Kasten", in unserem Falle die „Matrix der Handlungsalternativen".

Von jetzt an sind die Marketing- und Vertriebsfachleute am Zuge. Wir haben ihnen nicht gesagt, „wie ihre Segel gesetzt" werden sollen. Aber den Kurs haben wir ihnen vorgegeben. Und das ist legitim.

10. Welche Voraussetzungen müssen wir im Unternehmen schaffen?

Dies wird noch einmal ein etwas längeres Kapitel. Und anregend wird es auch. Denn wenn man eine Arbeit mit dem Titel „Strategische Planung" abliefert, sollten – so meine Meinung – auch genügend Tipps und Hinweise für die Einführung einer erfolgreichen strategischen Planung darin enthalten sein. Ich rekapituliere einfach Erfahrungen aus der Arbeit als Berater mit diesem Thema. Und ich hoffe, dass es Ihnen hilft.

10.1 Organisatorische/personelle/finanzielle Voraussetzungen

Bei den Leitlinien und den unternehmenspolitischen Oberzielen haben wir noch gemeinsam gedacht und geplant für das ganze Unternehmen. Schon bei den Informationssystemen fing das differenzierte Denken an. Erst recht bei den Zielen, Strategien und beim Mitteleinsatz der SG. Jetzt ist der Moment gekommen, die verschiedenen Linien wieder zusammenzuführen und an das ganze Unternehmen zu denken. Sie erinnern sich: „Strategisches Denken ist gesamthaftes Denken". Eine vierte wichtige Station. Denn wir müssen jetzt die Frage beantworten: Können wir das überhaupt? Strategische Planung hat auch die Aufgabe, Wünsche und Möglichkeiten miteinander zu harmonisieren. Und eine festsitzende Berater-Erfahrung ist, dass wir an der Liste der notwendigen Voraussetzungen und ihrer Realisierung oft länger arbeiten als am Entwurf von tollen Strategien. Obwohl das mehr Spaß macht.

Voraussetzungen prüfen und schaffen konzentriert sich mehrheitlich auf drei Bereiche (Abb. 44):

organisatorische Voraussetzungen

personelle Voraussetzungen

finanzielle Voraussetzungen.

1. personelle Voraussetzungen	– quantitativ – qualitativ
2. organisatorische Voraussetzungen	– Aufbauorganisation – Ablauforganisation – Informationsorganisation
3. finanzielle Voraussetzungen	– Investitionen – Einmalkosten – Erhöhung laufender Kosten

Abbildung 44: Die notwendigen Voraussetzungen im Unternehmen

Dabei sind die Grenzen fließend. Wenn man zum Beispiel eine Vertriebsabteilung aufstocken muss, ist das zwar eine personelle Voraussetzung, sie bedeutet aber auch eine organisatorische Anpassung und sie kostet Geld. Es ist also keine lange Diskussion wert, in welcher Abteilung diese oder jene Voraussetzung festgehalten wird. Absolute Priorität hat die Forderung, sie überhaupt zu lokalisieren und anzumelden.

Einige Beispiele sollen dabei helfen:

1. Organisatorische Voraussetzungen könnten sein:
   – Müssen wir neue Abteilungen einrichten?
   – Oder neue Stellen schaffen?
   – Müssen bestimmte Prozesse und Abläufe anders gestaltet werden?

- Müssen wir unser Informationssystem überarbeiten?
- Brauchen wir ein neues Organigramm?
- Brauchen wir zusätzliche Stellenbeschreibungen?
- u.a.m.

2. Personelle Voraussetzungen könnten sein:
   - Brauchen wir zusätzliche Mitarbeiter?
   - Oder solche mit anderer Qualifizierung?
   - Wer wird Leiter einer SG?
   - Wer kann Ziele und Strategien in den SG besonders konsequent umsetzen?
   - Müssen wir mittel- oder gar langfristige Schulungs-Programme installieren?
   - Müssen wir Entlohnungs-Systeme anpassen?
   - u.a.m.

3. Finanzielle Voraussetzungen könnten sein:
   - Welche Investitionen haben die SG angemeldet?
   - Welche Einmalkosten haben die SG angemeldet?
   - Welche Kostensteigerungen sind von dort zu erwarten?
   - Welche Veröffentlichungen, Werbemaßnahmen und PR-Aktionen müssen wir finanzieren?
   - u.a.m.

Keinem militärischen Führer würde es einfallen, einen stärkeren Gegner frontal anzugreifen. Aber wie oft passiert das in der Wirtschaft? Erst dann, wenn der Stratege nicht nur einen guten Schlachtplan vorstellen kann, sondern auch das Gefühl vermittelt, an alles gedacht zu haben (der „Strategos" eben), strahlt seine Sicherheit auch auf seine Führungskräfte und Mannschaften aus.

10.2 Das „Informationssystem Strategie"

Die strategische Planung ist neu in Ihrem Unternehmen. Davon gehe ich aus. Und ich empfehle, eine Mappe oder einen Ordner anzulegen mit der Aufschrift „Unternehmensstrategie". Dahinein kommen alle grundsätzlichen Aussagen und Checklisten zu diesem Thema. Da haben wir schon eine ganze Menge beisammen:

die Aufstellung: eine vollständige strategische Unternehmensplanung,

die Definitionen von:
- Operative Planung/strategische Planung
- Ertragspotential und Geschäftsfelder
- Strategische Geschäftseinheiten
- Ist-Portfolio und Soll-Portfolio
- Normstrategien und Mitteleinsatz

das Informationsprogramm Marktanalyse

Chancen und Gefahren für unser Produkt

das Informationsprogramm Umweltanalyse

Chancen und Gefahren für unser Unternehmen

das Informationsprogramm Unternehmensanalyse

die Leitidee und die Leitlinien

die Liste der Zielfelder für die unternehmenspolitischen Oberziele

die Bewertungslisten von McKinsey

die Aufstellung der Rechte und Pflichten für die Leiter der SG

das Ansoff-Schema

die Liste(-n) der Elemente der Marktstrategie.

Jetzt soll eine weitere Information dazukommen: eine Tabelle der für das Funktionieren der strategischen Planung notwendigen Informationen (Abb. 45). Und für deren ständige Kontrolle. Auch hier zeigt sich dasselbe Bild. Professor Bartsch, Institut für Kommunikative Rhetorik, bestätigte, dass dieses einfache Schema alle zur Identifikation einer Information notwendigen Einzelteile enthält. Und trotzdem ist es so einfach wie fast alle bisher angebotenen Hilfen. Folgen Sie mir durch die einzelnen Stationen:

Absender

Von wem kommt die Information? Wer ist verantwortlich dafür, dass sie erstellt und zum Termin auf den Weg gebracht wird? In früheren Jahren war das mehrheitlich eine EDV-Abteilung und die Information war eine Bring-Schuld. Heute ist das wohl eher ein verantwortlicher Sachbearbeiter, der die Information in den PC stellt. Und sie wird zu einer Holschuld für den Empfänger.

Quelle

Aus welcher Quelle schöpft der Absender die Information? Früher war das wiederum einfach: aus einem EDV-Programm. Das dürfte heute noch zutreffen bei allen allgemeinen Unternehmens-Informationen. Alle anderen Informationen, z. B. aus der Marktanalyse oder Umweltanalyse, haben sicher andere Quellen. Damit alle eventuellen Absender und Empfänger die gleichen Quellen benutzen, müssen sie definiert werden.

Inhalt

Was soll die Information enthalten? Zum Beispiel den Soll-Ist-Vergleich Umsatz pro Quartal der SG 5 oder Absatzzahlen nach Produktarten und Vertriebswegen oder die Deckungsbeiträge pro Produkt oder für die SG. Je genauer der Inhalt – als Überschrift – beschrieben ist, desto weniger Möglichkeiten für Fehler bieten sich an. Eine sehr negative Erfahrung:

Absender	Quelle	Inhalt	Weg/Träger	Zeit	Empfänger	Zweck

Abbildung 45: Das Informationssystem für die strategische Planung

Welche Voraussetzungen müssen wir im Unternehmen schaffen?

die vielen Informationen, die nicht mehr vergleichbar sind, weil hier ein Posten fehlt oder da eine andere Zeitspanne gewählt wurde oder verschiedene Abteilungen die Informationen erstellen.

Weg/Träger

Auf welchem Weg und auf welchem Träger soll die Information ihren Empfänger erreichen? Natürlich ist es heute in erster Linie der PC am Arbeitsplatz. Aber nicht in jedem Falle! Denken Sie z. B. an die Diskussionsergebnisse aus einer Stärken- und Schwächenanalyse, oder an Zwischenberichte aus dem Maßnahmen-Katalog oder Außendienst-Berichte – oder – oder – oder.

Zeit

Wie oft soll diese Information gegeben werden oder abgerufen werden können? Eine wichtige Einzelheit sowohl für den Absender (der sich auf diesen Termin einrichten muss) als auch für den Empfänger, der sicher sein muss, dass für seine Aufgabe – zum Beispiel eine Entscheidung – die nötigen Informationen zur Verfügung hat. Wöchentlich? Monatlich? Fünf Tage nach Quartals-Anfang?

Empfänger

Wer ist der berechtigte Empfänger dieser Information (Bringschuld)? Wer ist berechtigt, diese Information abzufragen (Holschuld)?

Zweck

Besonders wichtig: Was tut der Empfänger mit dieser Information? In welche weitergehenden Schritte des Prozesses fließen sie ein? Für welche Entscheidungen muss sie herangezogen werden?

Ein auf diese Weise vorstrukturiertes und durchformuliertes Informationssystem zwingt zur Diskussion aller Einzelheiten. Haben wir alles erfasst und nichts vergessen? Haben wir in der ersten Begeisterung nicht schon zuviel Informationen angefordert oder aufgebaut? Was man schnell daran merkt, dass man keinen konkreten „Zweck" dafür nennen kann.

Ein weiterer Vorteil: Das fertige System ist voll delegationsfähig! Jeder Organisationsberater wird dabei den Atem anhalten. Weil wirklich alle Items erfasst sind! Und es kann deshalb von einem Assistenten oder einer Sekretärin kontrolliert und lebendig gehalten werden!

Information ist in vielen Firmen zum Hierarchie-Ersatz geworden. Da, wo man als modernes Unternehmen mit sehr flachen Hierarchien auskommt, oder da, wo man heute in vielen Start-Ups oder New Economy-Unternehmen sogar ohne Hierarchie auskommen möchte, beobachten wir häufig die „Informations-Bremser" („Muss ich erst noch durcharbeiten") oder gar die „Informations-Vorgesetzten„ („Ich bekomme die Bilanz. Sie nicht??"). Ein mit Hilfe der einfachen Aufstellung durchformuliertes und eindeutig gemeinsam verabschiedetes „Informationssystem Strategie" verhindert auch diese Fehlhaltungen.

10.3 Die strategische Planung im Unternehmen einführen

10.3.1 Die ersten Entscheidungen

Sie müssen im Prinzip drei Entscheidungen treffen (Abb. 46):

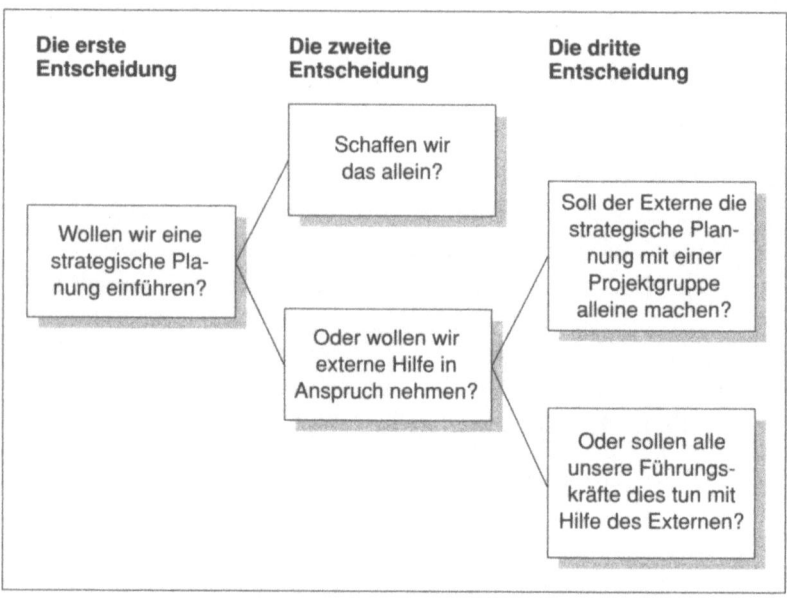

Abbildung 46: Der Entscheidungsbaum für das Projekt „Unsere strategische Planung"

Die wichtigste und logischerweise erste Entscheidung ist die für eine strategische Planung im Unternehmen. Wollen wir das? Oder wollen wir das nicht? Ich hoffe doch, genügend Begründungen und auch Ansatzpunkte und Hilfen geliefert zu haben, dass diese Entscheidung nicht sehr schwer fällt. Aber entscheiden Sie nicht allzu sehr spontan und schnell. Können Sie davon ausgehen, dass alle qualifizierten Mitarbeiter im Unternehmen auch so denken? Ist das Unternehmen als solches bereit und in der Lage, diese neue Herausforderung aufzunehmen? Wird das Schwergewicht der Arbeit mehr bei der Strategie oder mehr bei den Voraussetzungen liegen?

Die zweite Entscheidung betrifft nicht nur den Mut und die Begeisterung im Unternehmen, sondern vor allem das Wissen und das Können der zukünftigen „Strategen". Reicht das aus für einen Alleingang? Alleine – das heißt ja zunächst auch, dass man das Honorar für einen Externen sparen kann. Spart man es wirklich? Natürlich können gut ausgebildete und motivierte Führungskräfte das alleine schaffen. Wo hat es – nach meiner Erfahrung – trotzdem gehakt:

bei den Problemen der Umsetzung im Unternehmen,

bei der notwendigen Akzeptanz unter den von der Planung betroffenen Linien-Führungskräften,

bei der zusätzlichen, temporären Belastung der Mitglieder der Planungsgruppe,

bei der Zeitdauer vom Start bis zur Einführung.

Das wären die kritischen Stellen, auf die man bei einem Alleingang besonders zu achten hätte.

Anders bei externer Hilfe. Hier fällt – nehmen wir das gleich vorweg – das manchmal recht spürbare Honorar für den Berater an. Das sollte man relativieren. Über wie viele Planjahre reden wir? Wie viel Prozent eines Fünf-Jahres-Umsatzes macht das Beraterhonorar aus? Und man kauft dafür ein:

das Know-how des Fachmanns und seine Erfahrungen mit diesem Metier,

auch seine Narben aus einmal gemachten Fehlern, die in Zukunft vermieden werden, seine Sicherheit im Umgang mit den Elementen der strategischen Planung,

die überschaubare, fest vereinbarte Zeit vom Start bis zur Einführung,

die höhere Akzeptanz des Externen bei den Linien-Führungskräften,

die Gewissheit, dass das neue System tatsächlich eingeführt wird und funktioniert. Denn nur von solchen Referenzen profitiert der Berater.

Auf die grundsätzliche Einstellung zu einer Beraterhilfe sei noch einmal hingewiesen:

einerseits die hochklassigen Berater-Gesellschaften mit vielen Mitarbeitern, die mehrheitlich deduktiv arbeiten, mit bewährten Modellen und starker Ausrichtung auf das Zahlenwerk;

andererseits die Einzelberater, vielleicht noch mit einigen Kollegen zusammen, die eher induktiv arbeiten, die Ihnen und den Menschen im Unternehmen helfen wollen, die gestellte Aufgabe zu bewältigen.

Ich habe absichtlich polarisiert, um die Differenz deutlich zu machen. Sicher gibt es eine Menge Mischformen. Das müssen Sie in der Auftragsverhandlung klären.

Jetzt gehen wir davon aus, dass Sie sich für die externe Hilfe entschieden haben. Dann ist die dritte Entscheidung fällig. Und hier treffen wieder die unterschiedlichsten Welten aufeinander. Da sind diejenigen Unternehmensleitungen, die der festen Meinung sind, dass eine strategische Planung nur in die oberste Führungsebene gehört und dort auch bleiben soll. Das ist durchaus akzeptabel. Denn unter Umständen müssen ja Entscheidungen getroffen werden für ganze Unternehmensteile, oder auch personelle Entscheidungen. Wer würde – zum Beispiel – als SG-Leiter gerne einen „Poor Dog" übernehmen?

In diesem Falle wird man den Externen mit einem kleinen Planungsteam alleine arbeiten lassen, das Ergebnis bleibt unter Verschluss und wird von der Unternehmensleitung geprüft und verabschiedet.

In dieser Form der Arbeit liegt die Verantwortung für das Ergebnis beim Externen. Und die Wahrscheinlichkeit ist groß – abhängig von der Qualität des Beraters –, dass die strategische Planung wirklich hundertprozentig, vollständig und auch richtig ist. Der Nachteil liegt darin, dass man die notwendige Akzeptanz im Unternehmen erst nachträglich herstellen muss. Das klappt nicht immer, wenn man es mit qualifizierten, modernen, selbstbewussten Mitarbeitern zu tun hat, die ihren eigenen Beitrag durchaus leisten wollen und können. Und die vielleicht frustriert sind, wenn sie ausgeschlossen werden. Bei einer Veranstaltung in München antworteten mehr als 40 Prozent der anwesenden Führungskräfte auf die Frage nach der Identifikation mit ihrem Unternehmen mit negativen Meldungen. Begründung: Wir wissen ja gar nicht, wo es langgehen soll!

Die Entscheidung für die zweite Variante – die strategische Planung von möglichst vielen Führungskräften selber machen zu lassen – ändert die Rolle des Externen. Er ist Prozesshelfer und Methoden-Papst. Er koordiniert die Planungsgruppen und Arbeitsgruppen, er korrigiert Einzelarbeiten, er behält die Projektführung und damit das Zeitmanagement eisern in der Hand. Und er übernimmt auch die einheitliche redaktionelle Aufbereitung der Dokumentation.

Natürlich wird es bei dieser Art der Arbeit Qualitätsunterschiede geben und manchmal muss man auch bei der Vollständigkeit und Richtigkeit ein paar Punkte nachgeben. Die Vorteile sind aber gravierend:

1. Die Führungskräfte erhalten eine methodische Gelegenheit, an der Gestaltung der Zukunft des Unternehmens mitzuwirken.
2. Auf breiter Front im Unternehmen wird in den Kategorien der strategischen Planung gedacht.
3. Die wünschenswerte, spätere strategische Führung ist damit optimal vorbereitet und von allen wichtigen Leuten auch akzeptiert.

Die Verantwortung für das Ergebnis liegt hier gemeinsam bei dem Projektleiter, der vom Unternehmen bestimmt wird, und dem Externen, der Methoden und Vorgehensweisen einbringt – und der die Gruppe moderiert.

Daraus geht aber auch hervor, dass die Fachkenntnisse nicht alleine ausreichen, sondern dass gruppendynamische Kenntnisse und Erfahrungen dazukommen müssen. Dazu pädagogische Erfahrungen aus der Arbeit mit Planungsteams und aus Seminaren. Beides zusammen – hohes Niveau sowohl auf der Beziehungsebene als auch auf der Sachebene – sind zugegebenermaßen selten.

Aber mit dieser Art des Vorgehens entsteht eine gute Mischung aus Eigenarbeit (und damit hoher Akzeptanz) und externer Hilfe. Und auch der Honoraraufwand hält sich in Grenzen.

Zum gemeinsamen Start mit einem kurzen Seminar sind alle Führungskräfte aufgerufen. Damit alle wissen, was in den nächsten Monaten im Unternehmen passiert und welche Kollegen direkt mit der Arbeit betraut werden. Alle lernen die Vokabeln, alle lernen die Begründungen, alle sind motiviert. Und können Fragen stellen und Beiträge leisten.

10.3.2 Das Kick-Off-Meeting

Wenn Sie die Hilfe eines Beraters in Anspruch nehmen, ist die Gestaltung eines motivierenden Kick-Off-Meetings sein Problem. Sollten Sie sich für den Alleingang entschlossen haben, liegt diese Aufgabe bei Ihnen oder dem beauftragten „Projekt-Leiter Strategie". Die eiserne Regel für ein erfolgreiches Veranstaltungs-Programm (ganz gleich, ob Meeting oder z. B. Seminar) heißt: Information – Motivation – Instruktion. Alle drei Elemente müssen im Programm vertreten sein! Vielleicht hilft Ihnen mein Vierzehn-Punkte-Programm für die Einführung:

1. Erklären Sie, warum wir das machen. Warum eine strategische Unternehmensplanung (Abschn. 1.1)?

2. Schieben Sie eine kurze Abfrage (Kärtchentechnik) ein: Was verstehen Sie unter Strategie/strategischem Denken? Anschließend Auswertung, ggf. Ergänzung (Abschn. 1.2).

3. Verteilen Sie eine Unterlage: Was gehört alles zu einer strategischen Unternehmensplanung? (Abschn. 1.4). Die einzelnen Punkte durchgehen, erklären, Fragen zulassen und diskutieren.

4. Erklären Sie der Reihe nach und mit vorbereiteten Folien oder auch auf Flip Chart alle Vokabeln, mit denen man in Zukunft konfrontiert werden wird (Kap. 2).

5. Zweite Abfrage: Welche Veränderungen erwarten wir in der näheren Zukunft? Die Kärtchen sofort ordnen und mit dem Bewertungsschema verbinden. Einige Beispiele für die Bewertung mit den Teilnehmern diskutieren, um den Arbeitsgang zu erklären (Abschn. 3.1).

6. Ein kurzer Durchgang durch die drei Informations-Programme. Ein besonderer Hinweis zu „Stärken und Schwächen" des Unternehmens (Kap. 3).

7. Erklären Sie mit vorbereiteten Folien: Was ist eine Leitidee (Was wollen wir/wer sind wir/was bieten wir) und was ist eine Leitlinie (Abschn. 4.1 und 4.2)?
8. Sammeln Sie (mit Kärtchentechnik) erste Beiträge zu beiden Elementen. Man kann dazu das Plenum teilen und mehrere Kleingruppen mit einzelnen Unterthemen beauftragen.
9. Erklären Sie anhand der vorbereiteten Unterlage: Was sind unternehmenspolitische Oberziele, und zu welchen Zielfeldern werden wir eine Aussage machen (Abschn. 5.1)?
10. Erklären Sie mit vorbereiteten Folien die Portfolio-Technik, dazu die Methoden von BCG und McKinsey.
11. Erste Meinungsäußerungen provozieren: Welches könnten unsere Ertragspotentiale sein? Noch nicht bewerten oder ablehnen, nur entgegennehmen (Abschn. 6.4).
12. Erklären Sie das Ansoff-Schema (Abschn. 8.1).
13. Mit Hilfe der vorbereiteten Unterlage: Zu welchen Elementen der Marktstrategie werden wir Aussagen machen (Abschnitte 9.2, 9.3 und 9.4)?
14. Zum guten Schluss: Die allgemeinen strategischen Grundsätze.

Sie werden einige Stationen vermissen. Um das erste Treffen nicht zu überfrachten (es soll ja vornehmlich der Motivation dienen), verschieben wir einige Hauptpunkte auf das zweite Meeting. Zum Beispiel:

Die „möglichen Zukünfte des Unternehmens" wird eine Arbeitsgruppe beim nächsten Treffen vorstellen.

Über eine Vision diskutieren wir ebenfalls erst beim zweiten Treffen.

Die Unternehmens-Leitung stellt die dann schon festgelegten Ertragspotenziale vor und ihre zur Bearbeitung vorgesehenen strategischen Geschäftseinheiten.

Dazu kommen erste Ergebnisse der Projektgruppe und von gewählten Arbeitsgruppen. Beim dritten Treffen sind wir dann schon einige Schritte weiter. Die vorgestellten Arbeitsergebnisse nehmen zu, die grundsätzlichen Aussagen und die motivierenden Beiträge nehmen ab. (Abb. 47). Bis wir am Schluss das fertige Ergebnis einer vielleicht halbjährigen Arbeit vorstellen können.

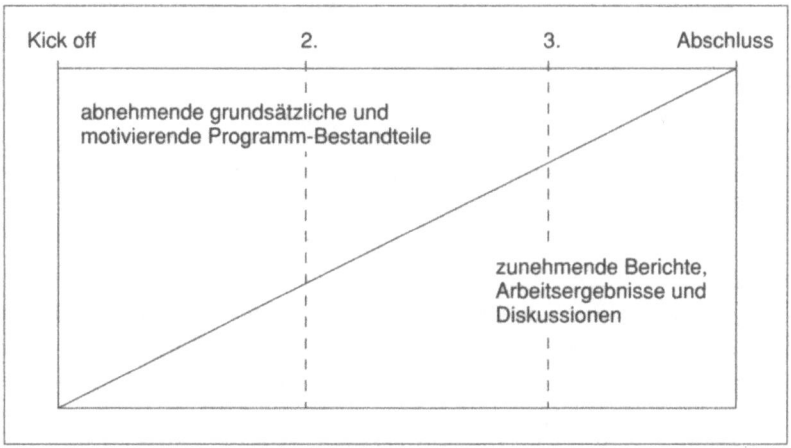

Abbildung 47: Das Programmschema für Strategie-Meetings

10.3.3 Auf breiter Front

So hieß meine Forderung: Eine strategische Planung nicht von oben herab zu verkünden („Meine Herren, die Mühsal des Denkens überlassen Sie doch bitte mir"), sondern auf breiter Front mit Führungskräften und qualifizierten Mitarbeitern zu erarbeiten. Dafür gibt es natürliche Grenzen. Aber bis an diese Grenzen sollte man alle Chancen nutzen.

Welche Voraussetzungen müssen wir im Unternehmen schaffen?

1. Plenum

   Eine erste dieser Chancen ist das mehrmalige Treffen der Führungskräfte und qualifizierten Mitarbeiter im Strategie-Plenum. Hier zählen vor allem Information und Motivation. Aber es gibt noch mehr Möglichkeiten.

2. Projektgruppe

   Egal, zu welcher Vorgehensweise sich die Unternehmensleitung entschlossen hat: Es muss Mitarbeiter geben, die die eigentliche Arbeit tun und das Projekt fest in der Hand behalten. Mit oder ohne einen Externen. Neben dem Leiter der Projektgruppe sollten die drei Hauptsäulen eines Unternehmens vertreten sein: Produktion, Verkauf, Verwaltung. Nicht durch Führungskräfte, sondern durch junge, ehrgeizige Mitarbeiter, die diese zusätzliche Herausforderung (neben ihrer eigentlichen Arbeit!) begeistert auf sich nehmen. Nicht vergessen, eine Projekt-Sekretärin zu bestimmen, die einerseits für die gesamte Organisation der Arbeit zuständig ist, andererseits fertige Ergebnisse sofort dokumentiert. Sie nimmt an allen Sitzungen teil, um die Entstehung des Materials zu erleben und um zu sehen, worauf es ankommt.

3. Redaktion Leitidee und Leitlinien

   In meinem letzten Projekt gehörten dazu: Der Externe für den Know-how-Input, die Personal-Chefin, ein Direktions-Assistent. In einem größeren Unternehmen sehe ich zusätzlich: Ein Mitglied des Betriebsrates und einen oder zwei Mitarbeiter aus Linien-Abteilungen. Aus dem gleichen Unternehmen das Beispiel für den Weg zum fertigen Ergebnis:

   – Der erste Entwurf ging an die Unternehmensleitung. Von dort mit Korrekturen und Wünschen zurück an die Redaktion.

- Der zweite Entwurf wurde von der Unternehmensleitung mit den Gesellschaftern besprochen. Von dort mit Korrekturen und Wünschen zurück an die Redaktion.
- Der dritte Entwurf wurde beim dritten Meeting den Führungskräften vorgestellt. Auch hier gab es Korrekturen und Wünsche an die Redaktion.
- Der vierte Entwurf wurde dann in einem extra dafür angesetzten Informationsmarkt allen Mitarbeitern vorgestellt. Auf Pin-Wänden und Flipcharts. Um zu signalisieren: Hier wird noch nichts Fertiges präsentiert, sondern immer noch sind kritische Fragen und auch Vorschläge willkommen.
- Erst der fünfte Entwurf wurde dann – werblich aufgemacht – gedruckt und verteilt.

Und alle Menschen im Unternehmen sind stolz auf ihr „Grundgesetz".

4. Alle Aufgaben zum Thema „Information" gehen an die Marketing-Abteilung. Ich gehe davon aus, dass man einen großen Teil der Marktdaten und Umwelt-Informationen schon vorrätig hat und sie auch projektgerecht auswerten kann.

5. Mit einer Ausnahme: Stärken und Schwächen! Über die Arbeitsgruppe und ihren standfesten Boss sprachen wir schon. Viele Gespräche mit allen Abteilungen – auch mit der Unternehmensleitung! – und die präsentationsgerechte Aufbereitung sind ihre Aufgaben.

6. Die Unternehmensleitung ist als „Arbeitsgruppe" mehrfach gefordert – einmal bei der Diskussion und Verabschiedung der unternehmenspolitischen Oberziele, dann bei der Festlegung von Ertragspotenzialen und von zu ihrer Bearbeitung vorgesehenen strategischen Geschäftseinheiten, inklusive aller personellen Entscheidungen. Auch die Verabschiedung von Zielen, Strategien und Mitteleinsatz der SG ist ihre Aufgabe. Bei allen organisatorischen, personellen und finanziellen Voraussetzungen ist ihr o.k. notwendig. Und – natürlich – ist ihr

sichtbares Engagement gefordert für dieses neue Instrument der Unternehmensführung. Und ihre Verantwortung für das ganze Projekt muss sichtbar werden.

7. Als Untergruppe sind sowieso dabei: die Leiter der SG mit ihren Mitarbeitern. Die Bewertung der Ertragspotentiale, die Festlegung von Zielen, Strategien und Mitteleinsatz, die Beschreibung der Marktstrategien, die für alle Teilaufgaben notwendige Auswertung der Informationen – das soll als eine grobe Stellenbeschreibung genügen.

8. Eine oder mehrere Arbeitsgruppen sollen sich mit den zu erwartenden Veränderungen und ihrer Bewertung beschäftigen. Das gibt man am besten in die einzelnen Abteilungen (Produktion/Vertrieb/Entwicklung/Verwaltung etc.). Bis zum zweiten Meeting sollten hier schon erste, diskussionsfähige Ergebnisse vorliegen.

9. Etwas mehr Zeit braucht die Gruppe, die sich mit den möglichen Zukünften zu beschäftigen hat. Hier hinein gehören junge Menschen, die keine Angst davor haben, Tabus zu brechen und auch ganz neue und ungewöhnliche Gedanken zu denken. Was man alles infrage stellen kann – Sie glauben es nicht!

In einem meiner letzten Projekte waren auf diese Weise 153 Führungskräfte und Mitarbeiter im Projekt involviert. Diese Zahl kann man getrost mit zwei oder sogar drei multiplizieren, sodass von 1600 Mitarbeitern rund ein Drittel während des Prozesses (!) informiert war, mit den Kollegen heftig diskutiert hat und auch sehr massiv seine Forderungen angemeldet hat.

10.3.4 Von der Strategie zur Taktik

Der Technische Leiter darf seinen Investitions-Plan nicht nur nach den Erfordernissen der Produktion ausrichten. Er muss die Vorgaben der strategischen Planung für bestimmte Produktlinien mit berücksichtigen.

Der Personalchef muss sich informieren, welche Qualifikationen für neue Mitarbeiter in den SG verlangt werden. Er muss also die Strategien dort kennen.

Zwei Beispiele von vielen. Sie sollen darauf hinweisen, dass die diesjährigen, kurzfristigen Planungen die Anbindung an die strategische Unternehmensplanung finden müssen. Dieser Übergang muss also geregelt werden. Ein neues Blatt für das „Kompendium Strategische Planung". Der nachfolgend als Beispiel beschriebene Sechs-Punkte-Plan stammt aus einem mittleren Industriebetrieb:

1. Planungsmeeting aller Abteilungsleiter. Hauptthema: Erkenntnisse und Schlussfolgerungen aus der strategischen Planung für die operative Planung. Dazu eine Diskussion: Kennen alle die unternehmenspolitischen Oberziele für dieses Jahr? Bleiben sie unverändert bestehen?

2. Danach formulieren die Funktionsträger ihre Jahresplanung bis zum festgelegten Ablieferungstermin.

3. Die Abteilung Controlling (später unsere Stabsstelle Strategie) prüft die Jahrespläne auf Kongruenz und sucht nach eventuellen Zielkonflikten.

4. Die Geschäftsleitung räumt zusammen mit den Abteilungsleitern die Zielkonflikte aus und die Jahresplanung wird vorläufig verabschiedet.

5. Überprüfung und Plausibilitätskontrolle der operationalen Planung durch die Abteilung Controlling (später durch unsere Stabsstelle Strategie). Koordination aller Einzelpläne, o. k. an die Geschäftsleitung.

6. Verabschiedung der Jahresplanung durch die Geschäftsleitung.

Dies ist ein Beispiel. Andere Unternehmen finden je nach Organisationsgrad vielleicht eine andere Lösung. Aber die Maxime bleibt: Enge Verzahnung der strategischen Planung mit der operativen Planung! Alle „Kapitäne" müssen den Schlachtplan nicht nur kennen, sondern sich vor allem danach richten!

10.3.5 Der Fünfzehn-Punkte-Check

Wir sind jetzt sehr weit vorgedrungen. Das Angebot an neuen Vokabeln, an Hilfsmitteln und Regelungen ist sehr groß. Haben wir nichts vergessen oder übersehen? Ist alles geregelt? Eine Hilfe für den „Projektleiter Strategie" ist der Fünfzehn-Punkte-Check (Abb. 48). Er befasst sich in der Hauptsache mit den SG und ihren Leitern, mit ihren Kompetenzen, Rechten und Pflichten.

Ein besonderer Hinweis: Kontrolle von anderer Seite – hier von den SG-Leitern – bedeutet für die Linien-Führungskräfte immer ein Stückchen Souveränitätsverlust. Deshalb müssen hier Regelungen getroffen werden, die die Kollegen nicht diskriminieren. Durch ihre Teilnahme an allen Meetings und durch die Einbeziehung in den Prozess verstehen sie die organisatorischen Regelungen (inkl. Souveränitätsverlust) besser und werden sie akzeptieren. Sie haben ja mitgewirkt an ihrer Entstehung!

Aufgaben	erledigt	Bemerkungen
1. Welches sind unsere „SG"?		
2. Wer sind die verantwortlichen Leiter?		
3. Welche Aufgaben haben diese Leiter?		
4. Welche Kompetenzen haben sie?		
5. Welchen Informationszugriff haben sie?		
6. Wie oft treffen sie sich mindestens? Zu welchen Zeiten? Mit welchen Ergebnissen?		
7. Wie arbeiten sie mit der Unternehmensleitung zusammen?		
8. Wer entscheidet über Ziele und Strategien?		
9. Wer entscheidet über notwendige Investitionen für die „SG"?		
10. Wer entscheidet über notwendige Maßnahmen zur Erfüllung der Ziele?		
11. Wie arbeiten die Leiter mit den funktionalen Einheiten zusammen?		
12. Wie werden sie ihrer Kontrollfunktion gerecht?		
13. Wie werden ihre Ausarbeitungen dokumentiert? (Zielformulare, Maßnahmenpläne, Kontrollblätter)		
14. Wer erhält die Mappe „strategische Planung"?		
15. Wie wird der Übergang in die operationale Planung geregelt?		

Abbildung 48: Der Fünfzehn-Punkte-Check

Welche Voraussetzungen müssen wir im Unternehmen schaffen?

10.3.6 Maßnahmen-Kataloge helfen bei der Umsetzung

Für mich ist eine strategische Planung erst dann beendet, wenn alle Absichten, Wünsche, Vorhaben und Pläne dokumentiert sind. Dabei helfen Maßnahmenkataloge. Nicht Maßnahmenpläne – die sind Sache der Funktionsträger. Auch ich möchte ja den Kapitänen nicht vorschreiben, wie die Segel zu setzen sind. Aber ich möchte sicherstellen, dass das, was in den Köpfen der Strategie-Verantwortlichen entstanden ist, auch wirklich präzise umgesetzt wird. Deshalb: Eindeutige und vor allem kontrollfähige Maßnahmen-Kataloge. Dazu geht man noch einmal das ganze Material durch: von der Leitidee und den Leitlinien über die Ziele des Unternehmens und der strategischen Geschäftseinheiten, über die Informations-Programme und Marktstrategien bis in die Liste der notwendigen Voraussetzungen. Und man hält fest:

Wer/tut was/mit wem/bis wann/Bericht an/wann

Wie das geht, setze ich als bekannt voraus.

10.4 Unser Prozess der strategischen Planung

Eine Berater-Erfahrung: Es ist ratsam, das Prozedere, nach dem man vorgegangen ist und auch in Zukunft jedes Jahr wieder vorgehen wird, in einem Schaubild festzulegen. Das hilft bei der Frage: Wo stehen wir? Und es hilft denjenigen, die im Laufe der Zeit zu den Arbeitsgruppen oder den SG-Leitungen neu dazustoßen, den Prozess zu begreifen. Dieses Schaubild könnte beispielhaft so aussehen wie die Abb. 49. Meine Lösung: Groß auf Flip Chart schreiben und im Planungsraum an die Wand hängen.

Grundsätzliche Überlegungen	Arbeitsschritte	Information und Analysen
• Festlegen von Ertragspotenzialen und SG	1. Bewertung von Ertragspotenzialen und SG	• Marktanalyse • Unternehmensanalyse • Chancen und Gefahren
	2. Ist-Portfolio für alle Ertragspotenziale	
• Leitidee und Leitlinien	3. Unternehmenspolitische Oberziele	• Umweltanalyse • Unternehmensanalyse • Chancen und Gefahren
	4. Ziele für SG	• Marktanalysen • Unternehmensanalysen
	5. Strategien für SG	• Umweltanalyse • Marktanalysen • Ansoff-Schema
	6. Mitteleinsatz für SG	• Unternehmensanalyse
	7. Soll-Portfolio für alle Ertragspotenziale	
	8. Marktstrategien für alle SG	• Marktanalysen
	9. Voraussetzungen im Unternehmen	• Unternehmensanalyse • Stärken und Schwächen
	10. Maßnahmenkataloge	• Das gesamte erarbeitete Material

Abbildung 49: Der Prozess der strategischen Planung im Unternehmen

Welche Voraussetzungen müssen wir im Unternehmen schaffen?

10.5 Ja-Nein-Entscheidungen geben Sicherheit

Strategie-Entscheidungen sind Entscheidungen unter Unsicherheit und unter Risiko:

Es gibt keinen Lösungs-Algorithmus.

Die Zahl der denkbaren Alternativen ist hoch.

Die Wirkungen lassen sich nicht exakt berechnen.

Was bleibt: Die Anwendung heuristischer Verfahren, die sich in einer Kette von Ja-Nein-Entscheidungen zeigen:

Sind das die richtigen Ertragspotenziale? Wenn ja:

Sind das die richtigen strategischen Geschäftseinheiten? Wenn ja:

Haben wir die Marktposition unserer Ertragspotenziale richtig definiert? Wenn ja:

Haben wir die Marktattraktivität der Märkte richtig eingeschätzt? Wenn ja:

Sind das die Positionen der SG in unserem Ist-Portfolio? Wenn ja:

Sind das die richtigen Schlussfolgerungen über die Ist-Situation des Unternehmens? Wenn ja:

Sind das die richtigen Ziele und Strategien für unsere SG? Wenn ja:

Sind das die notwendigen Investitionen für den Erfolg unserer SG? Wenn ja:

Sind das die optimalen Marktstrategien für den Erfolg unserer SG?

Hier zeigt sich besonders deutlich meine Forderung, von der Intuition oder dem reinen Pragmatismus wegzukommen. Denn das ist auf jeden Fall besser: In einem kritischen Durchgang durch die Frageliste sich immer wieder zu vergewissern: Haben wir diese Stufe richtig gemacht? Wenn ja: Dann geht es an die nächste Stufe. Wenn nein: Dann ist es auf jeden Fall besser, noch eine oder zwei Stufen zurückzugehen und sich erst zu vergewissern. Sie wissen doch: Strategische Planung dient der Zukunftssicherung des Unternehmens!

11. Die allgemeinen strategischen Grundsätze

An diese Stelle gehört eigentlich eine Zusammenfassung. Ich habe eine bessere Idee. In Planungsgruppen diskutieren wir im Laufe des Prozesses die „allgemeinen strategischen Grundsätze". Es sind zwölf (Abb. 50).

1. Konzentration der Kräfte
2. Ausbau von Stärken/Vermeiden von Schwächen
3. Ausnützung von Umwelt- und Marktchancen
4. geschickte Innovation
5. Ausnützen von Synergie-Effekten
6. Abstimmung von Zielen und Mitteln
7. Schaffung einer zweckmäßigen, führbaren Organisation
8. Risikoausgleich
9. Ausnützung von Koalitionsmöglichkeiten
10. Einfachheit
11. Beharrlichkeit
12. einheitliche Grundauffassung

Abbildung 50: Allgemeine strategische Grundsätze

1. Konzentration der Kräfte

Stratege Clausewitz sagt: Auch schwache Kräfte haben eine Chance, wenn man sie an einer Stelle konzentriert. Dort sind sie dem Gegner überlegen und können durchbrechen. Für das Unternehmen heißt das: Sich nicht zu verzetteln, sondern sich auf seine Kernkompetenzen zu besinnen, in denen man stärker ist als der Wettbewerb. Es bringt wirklich nichts, mit schwachen Kräften auf der ganzen Linie auseinandergezogen zu kämpfen. Dann ist man überall unterlegen.

2. Ausbau von Stärken, Abbau von Schwächen

Führungskräfte haben gelernt, Schwachstellen zu erkennen und abzustellen. Wir sind ständig dabei, den Sack unten zuzubinden. Viel wichtiger wäre es, oben anzufangen, bei den erkannten Stärken anzusetzen, sie zu pflegen und weiter auszubauen. Natürlich soll man erkannte Schwächen bekämpfen oder abbauen. Priorität aber sollten die Stärken des Unternehmens oder der jeweiligen SG haben.

3. Ausnützen von Umwelt- und Marktchancen

Auf erkannte Trends kann man sich legen und weitertragen lassen. Neue Ideen, neue Produkte, neue Added Values nutzen. Produkte, die dagegen im Markt nicht mehr gefragt sind (Klepper-Feld!) und deren Marktchancen sinken, rechtzeitig aussteuern. Ausufernde Sortimente sind kein Beweis für Stärke. Heute sind gefragt: Produkte für Gesundheit, Wellness, Freiheit, Genuss und Erlebnis. Angeboten auf neuen Wegen zum Verbraucher und Verwender.

4. Geschickte Innovationen

Es reicht nicht, besser zu sein in dem, *was* man macht, es erfordert auch, besser zu sein, in dem *wie* man es macht. Neue Vertriebssysteme, neue Nutzenbündel, neue Auftritte helfen bei der Aussage: Was bieten wir! Dazu gehört viel Mut. Aber: Irgendwann war auch die Selbstbedienung neu, irgendwann konnte man plötzlich Geld aus dem Automaten ziehen, irgendwann erfand jemand die Tiefkühl-Heimdienste usw. Und die Träger der Tradition? Wir sagen: Einer träger als der andere.

5. Ausnützen von Synergie-Effekten

Wo können sich SG ergänzen? Wo sind Chancen für Cross-Selling oder Corporate Advertising? Oder für gemeinsame Strukturen in der Organisation?

6. Abstimmung von Zielen und Mitteln

Mit dieser Forderung ist Clausewitz sogar als Philosoph angenommen worden. Wir erleben das zweifach: Beim Mitteleinsatz pro SG und bei der Schaffung der notwendigen Voraussetzungen im Unternehmen, um unsere Ziele zu erreichen. Es macht wirklich keinen Sinn, mit einer schlecht ausgebildeten und demotivierten Mannschaft eine Herausforderung anzunehmen. Ganz abgesehen von der notwendigen Munition in Form von finanziellen Mitteln.

7. Schaffung einer zweckmäßigen und führbaren Organisation

Clausewitz sagt: Mein Schlachtplan kann noch so gut sein, wenn ich am Morgen 37 Meldereiter losschicken muss, um ihn in Gang zu setzen, kann ich das vergessen. Zweiundzwanzig strategische Geschäftseinheiten mögen für ein Großunternehmen akzeptabel sein. Für einen kleinen Betrieb nicht! Bei einer Kundenfirma hätten wir – um konsequent zu sein – 122 SG bilden müssen. Unmöglich! Der Gemischtwaren-Laden war das strategische Problem dieses Unternehmens.

8. Risiko-Ausgleich

Es reicht nicht, nur das Rennpferde-Feld besetzt zu haben. Morgen kommt eine neue Produktidee aus Taiwan und bricht in ihren interessanten Markt ein. Was dann? Ist das Arbeitspferde-Feld besetzt? Mit genügend Gewinn-Chancen? Ist das Fohlenfeld besetzt? Mit genügend Nachschub an neuen Entwicklungen?

9. Ausnützen von Koalitions-Möglichkeiten

Der Starke ist am mächtigsten allein – das stimmt heute nicht mehr so ohne weiteres! Die vielen Fusionen oder strategischen Allianzen in der heutigen Zeit beweisen es. Mit wem können wir uns verbünden, um Leistungen anzubieten, die wir selbst nicht vorrätig halten? Für wen sind wir andererseits mit unseren Leistungen interessant?

10. Einfachheit

In jedem amerikanischen Stabsquartier im zweiten Weltkrieg hing die Mahnung: KISS = Keep it simple and stupid! Strategien müssen begreifbar sein für alle, die sie umsetzen sollen. Auch für den jugoslawischen Meister in der Montage oder für den Außendienstmann im Felde.

11. Beharrlichkeit

Strategisches Denken ist langfristiges Denken – Sie erinnern sich? Es hat keinen Zweck, schon beim ersten Gegenwind die Segel zu streichen und die Strategie zu verwerfen. Sondern beharrlich und mit nie nachlassender Kraft das strategische Ziel anzusteuern – auch wenn sich vielleicht der Zeitplan etwas nach hinten verlängert.

12. Einheitliche Grundauffassung

Clausewitz verstand darunter die moralischen Werte, auch einem Feind gegenüber. Und die Identifikation mit der Nation, für die man in die Schlacht zieht. Wir finden Vergleichbares in der Leitidee und in den Leitlinien, unter denen wir angetreten sind und die unser Verhalten regeln.

Anstelle eines Nachwortes

Ich kenne Unternehmer, ...

> die sind hervorragende Pragmatiker! Sie können jedes auftauchende Problem auf der operativen Ebene sofort und entschlossen regeln. Mit dem längerfristigen Denken haben sie es nicht so. Das muss man aber im Unternehmen auch haben! Meine Empfehlung: Eine „Arbeitsgruppe Strategie" zu bilden mit dem Auftrag, in einem halben Jahr eine strategische Unternehmensplanung vorzustellen. „Strategische Planung" wäre das Arbeits-Handbuch.

> die haben die Ziele für das Unternehmen weder definiert noch formuliert. (Dr. Walter Rosenberger). Meine Empfehlung: Mit Hilfe der Kapitel über Leitidee, Leitlinien und unternehmenspolitischen Oberzielen das einmal sofort zu versuchen. Man merkt sehr schnell die psychologische Wirkung auf das Unternehmen.

> die sich sehr wohl über die nähere und weitere Zukunft des Unternehmens Gedanken machen, aber nach einer methodischen Hilfe suchen; nach einem Leitfaden, der ihnen hilft, ihre Gedanken zu ordnen. Meine Empfehlung: Sich selbst zunächst mit „Strategische Planung" sachkundig zu machen und dann die Leitung der „Arbeitsgruppe Strategie" selbst zu übernehmen.

> die leben von ihrer Intuition. Und haben damit bisher auch sehr viel Glück bewiesen. Wie lange noch? Wäre es nicht gut, das abzusichern mit methodischem Vorgehen? Die Intuition sozusagen im Unternehmen zu verbreitern? „Strategische Planung" kann dabei als Lehrbuch für alle dienen.

> die haben ein Unternehmen geerbt oder übernommen. Wie geht es weiter? Vielleicht zunächst einmal mit einer Bestands-

aufnahme? Ist-Portfolio? Stärken und Schwächen? Zukunftsstrategie für die nächsten Jahre? Gut, wenn man weiß, wie eine mittel- bis langfristige Strategie entsteht!

die ein großes Unternehmen leiten und in der Lage sind, zu delegieren. Eine „Stabsstelle Unternehmens-Strategie" soll aber nicht einfach mal so loslegen. Anhand des dargestellten Prozesses der strategischen Unternehmens-Planung wird das Vorgehen abgestimmt. „Strategische Planung" stellt sicher, dass alle die gleichen Vokabeln benutzen und alle das Gleiche darunter verstehen.

die sich und ihr Unternehmen der Mühe unterzogen haben, eine strategische Planung tatsächlich und konsequent durchzuführen. Sie profitieren heute von einer deutlich höheren Umsatzsteigerung im mittelfristigen Horizont und ebenso von einer deutlich höheren Steigerung des Cash Flow. Nicht nur mit mehr Erfolg, sondern auch mit mehr Ruhe und Übersicht als vergleichbare Firmen ohne strategische Planung.

Anhang

Beispiele für die Bewertung der Marktattraktivität

Marktwachstum Umsatzentwicklung der Branche in diesem Bereich:

- rückläufig 1-3
- stagnierend oder steigend 4-7
- deutlich wachsend 8-10

Marktgröße Die Branche erarbeitet in diesem Bereich insgesamt ein

- kleines Marktvolumen 1-3
- durchschnittlich 4-7
- großes Marktvolumen 8-10

Wettbewerbssituation Die Marktposition der Wettbewerber sind

- ungefährdet 8-10
- umkämpft 4-7
- stark umkämpft 1-3

Deckungsbeitrag Die Branche erzielt in diesem Bereich insgesamt

- knappe DB 1-3
- auskömmliche DB 4-7
- gute DB 8-10

Umsatzrendite	Die Branche erzielt in diesem Bereich

– knappe Umsatzrenditen 1-3
– auskömmliche 4-7
– gute Umsatzrenditen 8-10

Kapitalumschlag	Die Branche hat in diesem Bereich

– einen unzureichenden/zu langsamen Kapitalumschlag 1-3
– einen akzeptablen 4-7
– einen schnellen Kapitalumschlag 8-10

Eintrittsbarrieren*	Die Eintrittsbarrieren in diesen Markt (Kapitalbedarf, Know-how, etablierte Vertriebssysteme etc.) sind

– niedrig 1-3/oder 8-10
– mittel 4-7
– hoch 8-10/oder 1-3

Preisspielräume	Aufgrund der Wettbewerbssituation sind die Preisspielräume in diesem Markt

– eng 1-3
– mittel 4-7
– groß 8-10

gesetzliche und andere Beschränkungen	Gesetze, Vorschriften und andere Limitierungen, z. B. die öffentliche Meinung, wirken sich auf unser Angebot aus

– negativ 1-3
– ohne Belang 4-7
– positiv 8-10

* Der Risikofaktor „Eintrittbarrieren" ist unterschiedlich zu bewerten, je nachdem, ob sich das Unternehmen

a) in einer etablierten Marktposition befindet und andere Wettbewerber abwehren muss: Dann bekommen „hohe Eintrittsbarrieren" den höchsten Wert,

oder

b) selbst in einen besetzten Markt eindringen will: Dann bekommen „niedrige Eintrittbarrieren" den höchsten Wert.

Beispiele für die Bewertung der Marktposition

Marktanteil	Unser Marktanteil in diesem Markt ist
	– nur klein 1-3 – durchschnittlich/angemessen 4-7 – groß 8-10
Entwicklung des Marktanteils	Unser Marktanteil in diesem Markt wächst
	– überhaupt nicht oder ist rückläufig 1-3 – mit geringen Steigerungsraten 4-7 – mit guten Steigerungsraten 8-10
relativer Marktanteil	Im Vergleich zum größten Konkurrenten ist unser Marktanteil in diesem Markt
	– kleiner 1-3 – gleich groß 4-7 – größer 8-10

Deckungsbeitrag	Im Vergleich zum Markt (s. Marktattraktivität) sind die von uns erzielten DB – kleiner 1-3 – gleich groß 4-7 – größer 8-10
Umsatzrendite	Im Vergleich zum Markt (s. Marktattraktivität) sind die von uns erzielten Umsatzrenditen – kleiner 1-3 – gleich groß 4-7 – größer 8-10
Kapitalumschlag	Im Vergleich zum Markt (s. Marktattraktivität) ist der von uns erzielte Kapitalumschlag – niedriger 1-3 – gleich groß 4-7 – höher 8-10
Grad der Etabliertheit	Unsere Autorität/unser Name in diesem Markt ist – unbedeutend 1-3 – vergleichbar gut 4-7 – sehr gut 8-10
Preisspielraum	Wir konnten unsere Preispolitik in diesem Markt – nicht verwirklichen 1-3 – akzeptabel durchbringen 4-7 – wie gewünscht durchführen 8-10

Anpassung an gesell-	Auf die vorhandenen Beschränkungen
schaftliche u. a.	
Beschränkungen	

- haben wir uns eingestellt/können wir uns einstellen 1-3
- brauchen wir keine Rücksicht zu nehmen 4-7
- können wir nur mühsam reagieren 8-10

Anm.: Diese Unterlagen habe ich benutzt:

1. Für die Unternehmensstrategie
   Hans-Georg Lettau
   „Strategisch planen — mehr erreichen"
   Marketing-Arbeitsmodell Nr. 4
   27 Arbeitsbögen, 28 Checklisten und Abbildungen
   Verlag Marketing-Journal, Hamburg
   2. Auflage 1989
2. Für das strategische Marketing
   Hans-Georg Lettau „Grundwissen Marketing"
   Heyne-Taschenbuch Nr. 218
   9. Auflage 2000

Der Autor

Hans-Georg Lettau ist seit 30 Jahren erfolgreicher Unternehmensberater in München. 27 strategische Planungen und acht Jahre als Referent für das gleiche Thema beim Hernstein International Management-Institut belegen seine Fachmannschaft. „Ich möchte Unternehmen helfen, ihre Probleme selbst zu lösen und ihre Zukunft bewusst zu gestalten" – so seine eigene Leitidee. Die einfachen Hilfen und Anweisungen laden dazu ein, sie sofort in die Praxis umzusetzen.

Stichwortverzeichnis

Aktivitäten-Portfolio 71
Allgemeine strategische Grundsätze 150
Ansoff-Schema 105 ff.
Berater-Gesellschaften 134
Boston-Matrix 83 f.
Chancen 41
differenzierte Ertragspotenziale 36
Diversifikation 106, 109
Einzelberater 134
Ertragspotenzial 28, 77 f., 80, 82, 91, 147
Führungskräfte 135 f.
Fünfzehn-Punkte-Check 144 f.
Gefahren 41
Geschäftsfelder 28
Gewinnziel 59
Handlungsspielräume 44
Identitäts-Ziel 59
Informationsprogramm 34 f., 40, 45
Informationssystem Strategie 127, 131
Interne Faktoren 17
Ist-Portfolio 29, 101, 103
Kann-Ziele 59
Kennziffern 46
Kick-Off-Meeting 137
Kundennutzen 79
Kunden-Portfolio 81
Leitidee 51 ff., 56, 140, 147
Leitlinien 54 ff., 140
Marketing 46, 51
Marktanalyse 35
Marktattraktivität 101, 103
Marktbearbeitung 114
Marktdurchdringung 105 f., 108

Markterweiterung 105 f., 108
Marktforschung 39
Marktposition 101, 103 f.
Marktstrategie 113, 117, 120, 122 f.
Marktwachstum 73 f., 80, 82
Marktziele 60
Maßnahmen-Katalog 146
Matrix der Handlungsalternativen 117 ff.
McKinsey 75 f.
McKinsey-Matrix 84
Mitteleinsatz 30, 100
Muss-Ziele 59
Nelson 9, 11
Neun-Felder-Matrix von McKinsey 76
Normstrategien 30
operative Planung 28
Planungsteam 135
Portfolio-Technik 67 ff., 77
Produktentwicklung 105 f.
Produktinnovation 108
Produkt-Lebenszyklus 87, 89
Produkt-Marktfeld 105
Produkt-Portfolio 75 f., 87 f.
Produkt-Portfolio von BCG 73 f.
Projektgruppe 139 f.
Prozess der strategischen Planung 146 f.
Rangordnung der Ziele 59 f.
relativer Marktanteil 73 f., 80 ff., 86, 87
Schwächenanalyse 107
Soll-Portfolio 29, 101 ff.
Stärkenanalyse 107
Strategie 19

Strategie-Alternative 121
Strategie-Beratung 113
Strategieelemente 115 f., 118
Strategie-Entscheidungen 148
strategische Geschäftseinheit 29,
  77, 91 ff.
strategische Lücke 98 f.
strategische Planung 23, 26 f.,
  96, 124, 128 f., 132, 134, 139,
  143, 154
strategische Unternehmensplanung 15, 18, 22, 25 f., 48,
  103, 127
strategisches Denken 19 ff.
strategisches Ziel 24
Szenario-Technik 43

Umweltanalyse 40
Umweltbedingungen 39
Unternehmensanalyse 45
Unternehmens-Entwicklung 46
unternehmenspolitische Grundsätze 54
unternehmenspolitische Oberziele
  57 f.
Veränderungen 33 f.
Vier-Felder-Matrix 73
Vier-Felder-Matrix von BCG 75
Vierzehn-Punkte-Programm 137
Vision 61 ff.
Voraussetzungen 124 ff.
Wertpapier-Portfolio 70
Zukünfte 43

	MIX
	Papier aus verantwortungsvollen Quellen
FSC	Paper from responsible sources
www.fsc.org	FSC® C105338

If you have any concerns about our products,
you can contact us on
ProductSafety@springernature.com

In case Publisher is established outside the EU,
the EU authorized representative is:
**Springer Nature Customer Service Center GmbH
Europaplatz 3, 69115 Heidelberg, Germany**

Printed by Libri Plureos GmbH
in Hamburg, Germany